JN062863

学習者端末　活用事例付

算数教科書のわかる教え方

3・4年

石井英真〈監修〉
京都大学大学院教育学研究科准教授

志田倫明〈著〉
新潟大学教育学部附属新潟小学校教諭

学芸みらい社
GAKUGEI MIRAISHA

はしがき

しばしば「教材研究」が重要だと言われますが，「教科書を教えること」と「教科書で教えること」との違いや，教科書についてその限界も踏まえた使いこなし方などについて学ぶ機会は，大学の教職課程においても現職研修においてもあまりないのではないでしょうか。また，資質・能力ベースをうたう2017年版学習指導要領によって教科書も大きく変わり，「主体的・対話的で深い学び」の実現のためにそれをどう用いていくのかも課題です。さらに，GIGAスクール構想の進展により，１人１台端末を用いて個別最適な学びを大事にする授業展開や，デジタル教科書への移行も見据えながらアナログとデジタルとのベストミックスのあり方も実践的な課題となっています。

そこで，本シリーズは，特に若い先生方へ向けて，算数科の教科書の特徴や意図を押さえながら，また，学習上の難所への理解を深めながら，教科書を使いこなし，子どもたちの学習の質を高めるために，教材や授業をどうひと工夫していけばよいのかを提案します。さらに，発達段階も踏まえながら，算数におけるICT活用の方法や授業への組み込み方についても提案します。

本シリーズは，低学年，中学年，高学年の三巻に分かれています。低学年は，樋口万太郎先生（元・京都教育大学附属桃山小学校，現・香里ヌヴェール学院小学校）に，中学年は，志田倫明先生（新潟大学附属新潟小学校）に，高学年は，加固希支男先生（東京学芸大学附属小金井小学校）に執筆を依頼しました。いずれも算数科としての授業研究に精力的に取り組まれ，かつICT活用についても算数科の教科の本質との関係で具体的に取り組みを進められている先生方です。

同じシリーズではありますが，それぞれの序章で，私の方で，算数の授業改善の方向性についてポイントを共通にまとめる一方で，本論自体は，形式や主張を統一するよりも，各学年の発達段階の違いを意識しながら，それぞれの先生方の個性が見えるような形で自由に執筆いただきました。それぞれの先生方の具体的な実践のノウハウのみならず，その背後にある教材研究に向かう姿勢や思いや思想のようなものも読み取っていただき，それぞれの違いや共通性も読み比べてみるとよいでしょう。

特に，中学年編の志田先生の著述は，「人は見えることしか学べない」という言葉から始まります。学習者用に作られている教科書を見て，子どもから見えることだけでなく，子どもが見えないものの中に指導すべき大切なことがあり，それをどのレベルで見通せるかが教師の力量の違いです。子どもから見えているものから始めながら，指導経験が少ない教師でも，なかなか言葉にもできなくて共有されにくい，授業の匠の目から見えている風景，学ぶことや算数の教科の本質の捉え方に追いつけるような，具体的であり，かつ深い論述になっています。

「教科の本質」などといわれても，何となくわかった気にはなっても具体的にイメージすることは難しいものですが，１時間ごとにねらうこと，複数の時間や単元を通してねらうこと，さらに全ての算数授業でねらうことという，目標の三つの水準それぞれの特徴が非常にわかりやすく図示（48頁）され，４学年面積の学習を例に，結局は「同じとみる」という学び方として，教科の本質の中身が具体的に説明されます。それは所属する新潟大学附属新潟小学校の実践研究の厚みに支えられたものであり，また，私の「教科する」授業の提起を，私の想像を超える形で具現化するものです。

ICT活用についても様々に示唆的な提案が示されています。直方体の見取図のかき方を学ぶ動画（手元の動きと説明）を準備し，それをまず無音で視聴させ，子どもの戸惑いを誘いながら，動画の動きに合わせて説明を書き込ませる実践などは，なるほどそういう使い方ができるものかと新たな発見があるでしょう。「教えたいものは教えない（子どもたち自身に学ばせる）」という授業づくりの原理を，ICT活用において具体化したものといえます。

最後になりましたが，学芸みらい社ならびに担当の樋口雅子氏には，本シリーズの企画から刊行にいたるまで，多大なご支援をいただきました。ここに記して感謝申し上げます。

石井英真

目　次

第3章 算数教材研究のポイント

第4章 ICTの活用

第2部 「中核的な内容」を意識した「難単元」の指導のポイント

第6章 難単元のわかる教え方

第7章 ICTを活用した教え方

序章 算数で「教材研究する」ことと「数学する」ことの楽しさ

01 改めて，「教材研究」とは何か

(1) 教科内容と教材を区別すること

教材研究を行う上では，教える内容（教科内容）とそれを教えるための素材や活動（教材）とを区別することが出発点となります。その上で，教科書などで教材化されている素材や活動の内容や趣旨を理解し，その価値をその教科の本質との関係で捉え直してみること（教材解釈）と，教科内容のポイントを踏まえた上で，教科書に挙げられている教材を微調整したり，差し替えたりして，新たな教材（ネタ）を生み出すこと（教材開発），そうした教科内容と教材との間を往復する思考が重要となります。

ここに示した教科書の一節を例に，具体的に説明しましょう。長さ比べをして「はした（半端）の長さ」をどう表すかを考える場面で何を教えることが期待されているのか。センチメートルからメートルへの単位換算ではないか。いや小数ではないか。ポイントとなるのは，「㋑は30cmぐらいかな」というイラストの女の子の発言です。㋑は三つ分でちょうど1mになる。小数では0.333…mとなりすっきり表せないけれど，「分数」を使うとすっきり表せる。つまり，この場面は，「分数」概念を教える導入場面なのです（教材解釈）。しかし，分数を教えるのであれば，ホールケーキ，ピザなど，丸いものを等分する場面の方が，子どもたちの生活とつながるのではないかと，教科書で示された場面とは異なる教材の可能性に思い至ります（教材開発）。一方で，なぜ教科書はそうした不自然な場面で教えるのかと再度立ち止まって考えることで，分数指導の争点である，割合分数（「2mの3分の1」）と量分数（「1/3m」）の違いへの理解が深まります（教材解釈）。こうして教科書の意図を踏まえた上で，量の意味を強調しつつ1枚の折り紙で教えるといった別の教材の可能性を探ることもできるでしょう（教材開発）。

このように，教師自身が教えるべき内容の本質や価値を認識し，教えたい内容を明確にしていくとともに，それを子どもが学びたいと思える教材へと具体化していく，そして，より子どもの興味を引くもの（具体性）でありかつ，それに取り組むことで自然と教えたい内容が身につくもの（典型性）へと練り上げていく，この一連の飽くなき追究の過程が教材研究なのです。

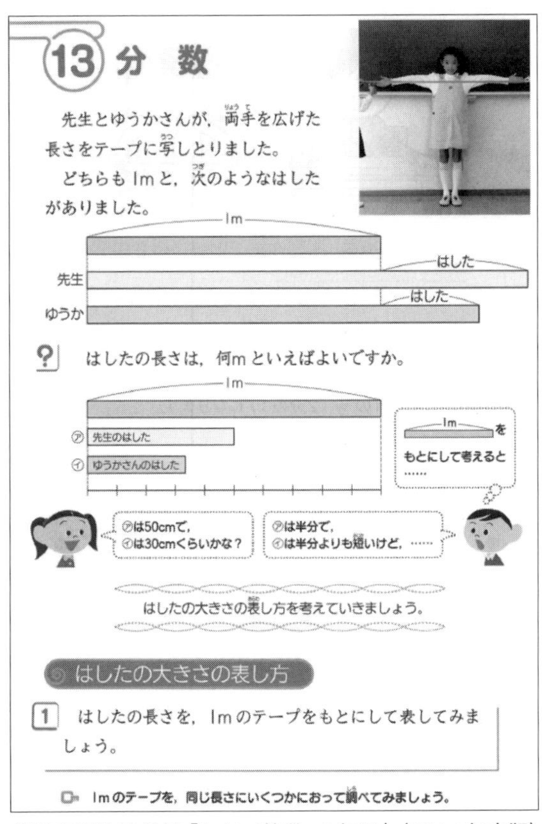

13 分数

先生とゆうかさんが，両手を広げた長さをテープに写しとりました。

どちらも1mと，次のようなはしたがありました。

1m

はした

先生

はした

ゆうか

? はしたの長さは，何mといえばよいですか。

1m

㋐ 先生のはした

㋑ ゆうかさんのはした

1m を もとにして考えると……

㋐は50cmで，㋑は30cmくらいかな？

㋐は半分で，㋑は半分よりも短いけど，……

はしたの大きさの表し方を考えていきましょう。

はしたの大きさの表し方

1 はしたの長さを，1mのテープをもとにして表してみましょう。

1mのテープを，同じ長さにいくつかにおって調べてみましょう。

新興出版社啓林館「わくわく算数　3年下」（2011年度版）

たし算の計算式で単位をつけなかったり，かけ算で計算の順序が違ったりしていると×にされたといったことが，学校の特殊ルールや謎ルールとして批判の対象になることがあります。それらの多くは，計算の意味理解を図り，長期的に見て子どものつまずきを減らすための先人の知恵であったのが，形骸化したものが多いのです。そうした素朴な「なぜ？」を大事にすることが，教科書の読み解きにつながり，教材理解を深めるでしょう。

(2) 教材研究の二つの道筋

教材研究には，教科書などをもとに教えるべき内容を明確にした上で，それを子どもが学びたいと思う教材へと具体化するという道筋（教科内容の教材化）だけでなく，日常生活の中の興味深いモノや現象や出来事の発見から教材化に至る道筋（素材の教材化）もあります。例えば，「関数」を教える教材として，ブラックボックス（「傘（かさ）」の絵を入れると「坂（さか）」の絵が出てくる（さかさに読む働き）といったクイズ的なものから始まり，3を入れると5が出てくる（$y=2x-1$という働き）といった数学的なものへと展開する）を用いるという場合，ブラックボックスは，「関数」概念の基本構造をわかりやすく教えるために，典型性を備えた教材として設計されています。一方，漫画「ドラえもん」の「バイバイン」の話をもとに，5分に一度2倍に増える栗まんじゅうの行く末を考えることで指数関数（$y=2x$）について学ぶ授業は，ネタの発見から教材化に至った例と捉えることができます。

教える内容を眼鏡（ものごとを捉える枠組み）にして，あるいは，子どもたち目線で彼・彼女らが何に追究心をくすぐられるかを想像しながら，日常生活を見渡せば，新聞，テレビ番組，電車の中の広告，通学路の自然や町並みの中に，教材として使えそうなネタが見つかるでしょう。気が付くとネタを探してしまうアンテナができ始めたらしめたもので，教材研究の力はぐんぐん伸びていきます。

また，教科内容から出発するにしても，素材から出発するにしても，教材化する前提として，どうしてもこれは子どもたちに伝えたい，つかませたい，教えたいというものを，そもそも教師は持てているでしょうか。「関数」とは何でそれを学ぶことにどんな意味があるのか，子どもの学習に先立ってこうした問いに教師自身が向き合い，教師が一人の学び手として納得のゆくまで教材をかみ砕きその価値を味わう経験も忘れてはなりません。

02 教科書との付き合い方

教科書との付き合い方として，しばしば「教科書を教える」ではなく「教科書で教える」という言い方がなされてきました。教科書に書いてある事柄を，網羅的に教えるべき教科内容として捉え，それらを無批判に受容し，教科書べったりで授業を進めるのではなく，教科内容と教材とを区別し，教科書の内容や教材や記述について批判的に分析を加え，不十分な部分は補助教材を活用したりしながら，まさに先述の教材研究の基本を踏まえて，教科書を最大限に生かしていくという意味がそこには込められています。

このように書くと，教科書は絶対でその通り教えないといけないのではないかという声が聞こえてきそうです。そうした教科書の絶対視に陥らず，教材の工夫や組み替えの余地があることを知る上で，同じ教科の複数の会社の教科書を比較検討してみるとよいでしょう。

例えば，動かせぬ系統があるように思われる算数科でも，「小数」と「分数」のどちらを先に指導するかといった内容配列のレベルで，教科書会社による違いがみられるし，同じ内容を教えるのに異なった題材や活動が用いられています。また，現行の教科書では，学習指導要領で示された資質・能力ベースの改革の趣旨をどう具体化するかが課題となっており，見方・考え方，学んだことを現実世界や数学世界で生かすこと，学び続けていくことにつながる課題発見や振り返り，主体的で対話的で深い学び，知識の定着の問題などが，各社共通に意識されてはいますが，その受け止め方はさまざまであり，強調点にも違いがみられます。

そもそも教科書はその性格上，教材としての制約や限界も持っています。第一に，公教育の場で全国的に用いられる検定教科書は，特定の地域や立場に偏らないよう構成されています。例えば，教室や生活に即した問題場面が示されるにしても，どこにでもあてはまりそうで実際にはどこにもあてはまらないような一般的な形で，いわば顔なしの文脈として書かれていて，子どもたちが実際に住む地域や彼らの生活の風景から場面を再構成しないと，子どもたちにリアリティや問題の切実性を感じさせることはできません。また，課題提示のし方なども，無難で優等生的なものになっており，現実の子どもの感性や情動をくすぐるようなひと工夫が必要となります。例えば，九九表のきまりを見つけるにしても，ただ見つけなさいと指示するのではなく，虫食いになっている九九表の隠した部分について，どこを隠したのかを見なくても，真ん中の数を聞くだけで，その合計がわかるという，手品師的演出をして，子どもたちを課題に引き込んでいくわけです。

第二に，教科書では紙面の制約ゆえに，例えば，国語科において原作からの削除・圧縮や改作が行われたり，理科や社会科において事象や因果関係の説明が不十分だったり，算数・数学科において問題と問題の間に飛躍があったりします。それらのポイントを見極め，内容を補足したり行間を埋めたりすることが必要です。逆に，これらの限界を意識することで，教材や発問のヒントを得ることもできます。例えば，原作との表現の違いを掘り下げることで，原作の構成や表現の巧みさに気付かせる，「幕府をひらく」というあいまいな表現の意味を突っ込んで吟味することで，「そう言われてみれば，幕府をひらくとはどういうことだろう」と思考を触発する，あるいは，最初の問題（例：最大公約数を使って，縦18cm，横12cmの方眼紙を，あまりが出ないようにできるだけ大きな正方形に分ける）で学んだ方法をそのままあてはめるだけでは解けない問題（例：同じく最大公約数を使うが，男子36人，女子48人を，あまりが出ないように，できるだけ多くの，同じ人数構成のグループに分ける）であることを生かして，グループで挑戦する発展問題として位置付ける，といった具合です。

こうした制約を自覚しながら，内容，素材はもちろん，数値の選び方や内容配列の意味，さらには，単元や授業の組み立て方について，すみずみまで学びつくすことが重要です。研究授業のために教材研究をするときなど，子どもにとって食いつきのいいネタにしさえすればよいと，教科書を無視した恣意的な教材開発になってはいけません。教科書は，数値一つにこだわって作成されており，繰り上がりのあるたし算の導入が9＋4なのにも意味があり，なぜ計算問題の順序はこうなっているのかを考えることで，教材の本質に迫ることができるし，単元，さらにはより長いスパンの系統性に気付くこともできるでしょう。

03 一単位時間よりも「単元」という単位で考える

(1) 学力の三層構造を意識する

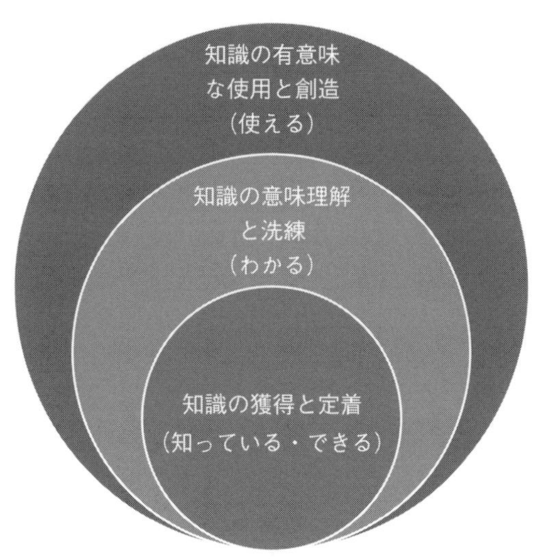

図1　学力の三層構造

ある教科内容に関する学力の質的レベルは，下記の三層で捉えられます。個別の知識・技能の習得状況を問う「知っている・できる」レベルの課題（例：穴埋め問題で「母集団」「標本平均」等の用語を答える）が解けるからといって，概念の意味理解を問う「わかる」レベルの課題（例：「ある食品会社で製造したお菓子の品質」等の調査場面が示され，全数調査と標本調査のどちらが適当かを判断しその理由を答える）が解けるとは限りません。さらに，「わかる」レベルの課題が解けるからといって，実生活・実社会の文脈での知識・技能の総合的な活用力を問う「使える」レベルの課題（例：広島市の軽自動車台数を推定する調査計画を立てる）が解けるとは限りません（図1）。そして，社会の変化の中で学校教育に求められるようになってきているのは，「使える」レベルの学力の育成と「真正の学習（authentic learning）」（学校外や将来の生活で遭遇する本物の，あるいは本物のエッセンスを保持した活動）の保障なのです。

なお，図1で，「使える」レベルが「知識の有意味な使用と創造」となっているのは，それが実用性重視のみを意味しないことを示しています。関数を眼鏡にコロナの感染状況の推移を読み解くといった，「数学を使う」活動だけではなくて，「数学を創る」活動，すなわち，定理の証明や発見といった数学者の数学する活動も含むというわけです。また，「使える」レベルの円の中に「わかる」レベルや「知っている・できる」レベルの円も包摂されているという図の位置関係は，知識を使う活動を通して，知識の意味のわかり直し・学び直しや定着も促されることを示唆しています。

基礎を固めないと応用に進めないと考えすぎると，復習中心の授業になり，やる気をそぐことになってしまうのに注意が必要です。

学力の質的レベルを踏まえると，「考える力を育てるかどうか」という問い方ではなく，「どのレベルの考える力を育てるのか」という発想で考えていかねばならないことが見えてきます。従来の日本の教科指導で考える力の育成という場合，基本的な概念を発見的に豊かに学ばせ，そのプロセスで，知識の意味理解を促す「わかる」レベルの思考力（解釈，関連付け，構造化，比較・分類，一般化・特殊化（帰納的・演繹的推論）など，理解志向の思考）も育てるというものでした（問題解決型授業）。

しかし，「かけ算」や「わり算」といった個別の内容を積み上げていくだけでは，それら一つ一つをいくら豊かに学んだとしても，目的や場面に応じて使用する演算を選ぶ経験などが欠落しがちとなります。よって，現実世界の文脈に対応して個別の知識・技能を総合する，「使える」レベルの思考力（問題解決，意思決定，仮説的推論を含む証明・実験・調査，知やモノの創発など，活用志向の思考）を発揮する機会が独自に保障されねばならないのです。

「わかる」レベルの思考と「使える」レベルの思考の違いに関しては，ブルームの目標分類学において，問題解決という場合に，「適用（application）」（特定の解法を適用すればうまく解決できる課題）と「総合（synthesis）」（論文を書いたり，企画書をまとめたりと，これを使えばうまくいくという明確な解法のない課題に対して，手持ちの知識・技能を総動員して取り組まねばならない課題）の二つのレベルが分けられていることが示唆的です。「わかる」授業を大切にする従来の日本で応用問題という場合は「適用」問題が主流だったといえます。しかし，「使える」レベルの学力を育てるには，折に触れて，「総合」問題に取り組ませることが必要です。「使える」レベルのみを重視するということではなく，これまで「わかる」までの二層に視野が限定されがちであった教科の学力観を，三層で考えるよう拡張することがポイントなのです。折に触れて「使える」レベルの思考の機会を盛り込む一方で，毎時間の実践で豊かな「わかる」授業が展開されることが重要です。

(2) 単元単位で考えることの意味

最近の教科書の単元展開は，学力の三層を意識したものになってきています。教科書はおおよそ見開き2頁で，課題把握，自力解決，集団解決，適用題・振り返りといった流れで，毎時間を「わかる」授業として展開できるよう工夫されています。毎時間の終わり，単元の終わりには，「知っている・できる」レベルの知識・技能の習熟を促すための問題も用意されています。さらに，単元全体を見ると，単元を貫く問いや課題が設定されていたり，単元末に知識・技能を実生活で活用したり，発展的に探究したりする「使える」レベルを意識した課題が設定されていることも多くなっています。

内容ベースからコンピテンシー・ベースへの改革が進行する中で，「五角形の内角の和が求められる」といった個別の内容ではなく，「多角形の内角の和の求め方がわかる」という汎用性の高い概念，さらに，「既習の内容に帰着させて考える」という算数科の学び方や見方・考え方を育てることが求められます。そのためには，単元内で，あるいは単元を超えて本質的な思考を繰り返すことが重要となるのです。また，1人1台端末を活用して一人一人の子どもたちが自由に学ぶ機会を生かす上でも，1時間単位ではなく，単元という比較的長いタイムスパンで計画を考えることで，大きなゴールに向けて学習順序の自由度を高めたり，複線化したりすることもしやすくなるでしょう。

なお，「使える」レベルをめざして教科の実践を進めるに当たって，発達段階を踏まえた具体化の必要性を指摘しておきたいと思います。例えば，小学校低学年のうちは，「わかる」レベルの学習活動を軸に，生活経験をもとに基本概念を豊かに学ぶ授業が主となるでしょう。小学校中学年になり，抽象的・概念的思考の力が発達してくるに伴って，生活的概念から科学的概念への再構成のプロセス（「わかる」レベルの思考過程）を自覚化したり，知識・技能を総合する「使える」レベルの学習活動を組織したりすることが求められるでしょう。「わかる」ことを軸にしながらも，単元末にやや教師主導で，学んだ内容の眼鏡としての意味を実感させたり，研究者や市民がするようなホンモノのプロセスのエッセンスを子どもたち主体で経験させたりすることはできるでしょう。

さらに，小学校高学年から中学校になり，問いと答えの間はより長くなります。それに伴い，「使える」レベルのパフォーマンス課題への取り組みや，「わかる」レベル，あるいは「使える」レベルの思考過程自体を意識的に指導していく工夫もより求められるようになるでしょう。また，「使える」レベルの思考を活性化する「真正の学習」は，教科を学ぶ意義や自己の生き方を問い，内面世界を構築していく思春期の子どもたちのニーズに応えるものでもあるでしょう。

04 「主体的・対話的で深い学び」を生み出す教材研究のあり方

(1)「主体的・対話的で深い学び」をどう捉えるか

学習活動は何らかの形で対象世界・他者・自己の三つの軸での対話を含みます。主体的・対話的で深い学びは，この学習活動の三軸構造に対応するもの（対象世界とのより深い学び，他者とのより対話的な学び，自己を見つめるより主体的な学び）として捉えることができます。主体的で対話的な学びの強調については，手法化による活動主義・技術主義が危惧されました。これに対して，教科の学びとして中身のある活動や話し合いになっているかを問うものとして，「深い学び」の必要性が提起されました。それは，子どもたちが対象世界（教材）と向き合っているかどうかを問うものといえます。

主体的・対話的で深い学びをめぐっては，学習者中心か教師中心か，教師が教えるか教えることを控えて学習者に任せるかといった二項対立図式で議論されがちです。しかし，グループで頭を突き合わせて対話しているような，主体的・協働的な学びが成立しているとき，子どもたちの視線の先にあるのは，教師でも他のクラスメートでもなく，学ぶ対象である教材でしょう。

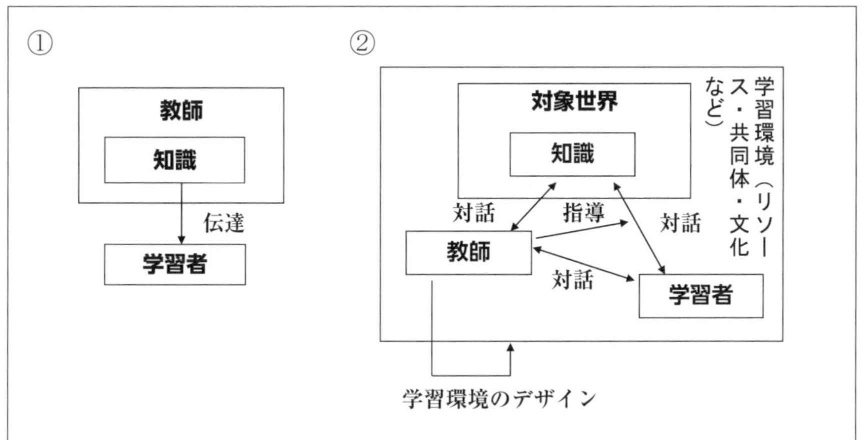

※図②において、教師と学習者は、同じ対象を共有し、協同して活動している点で対等な関係にある。一方で、図の位置関係が示すように、教師は、いわば先行研究者として、学習者の学習活動を見通し導きうる位置にある。ゆえに教師は、学習者の対象世界との対話を深めるべく直接的な指導を行ったり、時には、教師自身も埋め込まれている学習環境をデザインする間接的な指導性を発揮したりするのである。

図2　教室における子どもと教師の対話関係

授業という営みは，教師と子ども，子どもと子どもの一般的なコミュニケーションではなく，教材を介した教師と子どもたちとのコミュニケーションである点に特徴があります。この授業におけるコミュニケーションの本質を踏まえるなら，子どもたちがまなざしを共有しつつ教材と出会い深く対話し，教科の世界に没入していく学び（その瞬間自ずと教師は子どもたちの視野や意識から消えたような状況になっている）が実現できているかを第一に吟味すべきです。教科の本質を追求することで結果としてアクティブになるのです。

教師主導は教師を忖度する授業（図2-①）に，学習者主体は教材に向き合わない授業になりがちです。教師主導でも学習者主体でも，子どもたちを引き込み，成長を保障する授業は，図2-②のように，問題や題材や教材といった「材」を中心に置いて，それを介して教師と子ども，子ども同士が向かい合い，ともに材に挑む「共同注視」の関係性になっているものです。

「材」を中心に置いて教師も子どもたちとともに材を介して対話する「共同注視」の関係性は，1人1台端末の活用においてこそ重要です。教師や教科書が想定する正答を忖度することなく，必ずしもそれらを経由せずに，端末の先に広がる情報や知やつながりに子どもたち一人一人が直接アクセスして学んでいくこと，同じ画面や世界をともにまなざしながら個性的な学びに伴走する教師の役割が重要でしょう。

(2)「教科する」授業を目指す

授業をアクティブなものにすることと教科の本質を追求することとを結びつけ，かつ「真正の学習」を実現する授業づくりのヴィジョンとして，「教科する（do a subject)」授業（知識・技能が実生活で生かされている場面や，その領域の専門家が知を探究する過程を追体験し，「教科の本質」をともに「深め合う」授業）を提起したいと思います。それは，子どもたちに委ねる学習活動の問いと答えの間を長くしていくことを志向していると同時に，教科の本質的かつ一番おいしい部分，特にこれまでの教科学習であまり光の当てられてこなかったそれ（教科内容の眼鏡としての意味，教科の本質的なプロセスの面白さ）を子どもたちに経験させようとするものです。

教科学習の本来的意味は，それを学ぶことで身の回りの世界の見え方や関わり方が変わることにあります。「線対称」や「点対称」について学んだ上で，改めて日常の中で美を感じる形や模様を見直し，自分の身の回りにそれが生かされていることに気付くことで，そうした対称関係を生かして造形したり，ものの配置を考えたりするようになるといった具合です。それは，教科内容の眼鏡としての意味を顕在化することを意味します。

また，教科の魅力は内容だけではなく，むしろそれ以上にプロセスにもあります。例えば，算数においては，定型的な問題が解けることよりも，目新しい問題に対して，問題と格闘して，自分なりに方針を立てたり，解けることだけで満足せず，なぜそうなるのかという手続きの意味を考えたりすることが大事だと，たいていの教師は言うでしょう。しかし，多くの授業において，この問題を解くためにはこの小課題を解く必要があると，問題の分析やアプローチの仕方まで教師がお膳立てして，あとは機械的に解くだけということになっていないでしょうか。子どもが自分たちで手続きの意味について議論するのではなく，教師が一方的に説明して終わりになっていないでしょうか。証明する活動も，図形問題の一種として，技能として学ばれても，論証する，「数学する（do math)」機会は保障されていないのではないでしょうか。多くの授業で教師が奪ってしまっている各教科の一番本質的かつ魅力的なプロセスを，子どもたちに委ねていく。ここ一番のタイミングでポイントを絞ってグループ学習などを導入していくことで，ただアクティブであることを超えて「教科する」授業となっていくのです。

教材研究の結果を子どもたちに教えるのでなく，教材研究のプロセス（教師自身が経験し楽しさを感じた「教科する」プロセス）をこそ子どもたちと共有することが大切です。「深い学び」を実現する手がかりとして各教科の「見方・考え方」が示されていますが，それは子どもたちに委ねている学びのプロセスが本質を外していないかどうかを判断する手がかり（教材研究の視点）と考えることができます。「見方・考え方」については，スキル化，リスト化して教科書にちりばめ直接指導しようとする傾向もみられますが，正解（遵守すべき型）のように捉えるのではなく，一つの手がかりとして，それぞれの学校や教師がその教科を学ぶ意味について議論し，学びのプロセスに本質を見いだす目を磨いていくことが重要です。

[参考・引用文献]

・新興出版社啓林館「わくわく算数 3年下」(2011年度版)，P39
・石井英真『今求められる学力と学びとは――コンピテンシー・ベースのカリキュラムの光と影――』日本標準（2015）
・石井英真編『小学校発　アクティブ・ラーニングを超える授業』日本標準（2017）
・石井英真編『小学校　新教科書ここが変わった　算数』日本標準（2020）
・石井英真『授業づくりの深め方』ミネルヴァ書房（2020）
・石井英真・河田祥司『GIGAスクールのなかで教育の本質を問う』日本標準（2022）

算数教科書の構造

01 算数教科書の特徴

「今日の算数では，どんなことを学んだの？」

こう尋ねたら，子どもはどのように答えるでしょうか。「わり算の勉強をしました」と答えるかもしれません。もう少し詳しく聞けば「わり算の計算の仕方を学びました」と答えるかもしれません。

では，教師はどうでしょうか。

「今日の算数で，子どもはどんなことを学びましたか？」

皆さんは，どのように答えますか。子どもと同じような答えでしたか。それとも……。

(1) 人は見えることしか学べない

人は見えることしか学べません。子どもが前述のように答えるのは，教科書に「わり算」や「計算の仕方」が見えるようになっているだけでなく，子どもが認識できるような授業をしたからです。

学習者だけでなく，授業者も一緒です。教師もまた，見えることしか指導することはできません。先ほどの質問「子どもはどんなことを学びましたか」に対して，皆さんが頭に浮かべたことは，皆さんが授業で認識できていることです。「計算の仕方」「計算の意味」「説明する力」「粘り強く取り組むこと」等，子どもよりもいろいろ浮かぶのは，それだけ授業で大切にしたいと認識していることがたくさんあるということです。

教科書は学習者用に作られますので，子どもに見えるように編集されます。

教師は，子どもに見えるものだけでなく，子どもが見えないものの中にも指導すべき大切なことがあることを認識する必要があります。そして，その見えない大切なことを，子どもにも見えるようにする営みが授業なのかもしれません。

(2) 子どもが読んでわかること

①学習単元

大きなまとまりとして何を学んでいるかが見えるように載っています。例えば,「わり算」「分数」「面積」のように,算数・数学の内容によって構成されています。さらには,単元とは別に「わり算のあまりの意味を考えよう」「分数の大きさや計算のしかたを考えよう」等のタイトルがつけられ,中心となる数学的活動が示されています。だから,子どもは,「今,わり算の学習をしている」にとどまらず,「わり算って,あまりが出ないときと,あまりが出るときがある」「あまりはいつも,わる数より小さくなる」等,どの内容について何を学習しているのか見えるようになっています。

②考えるべき問題

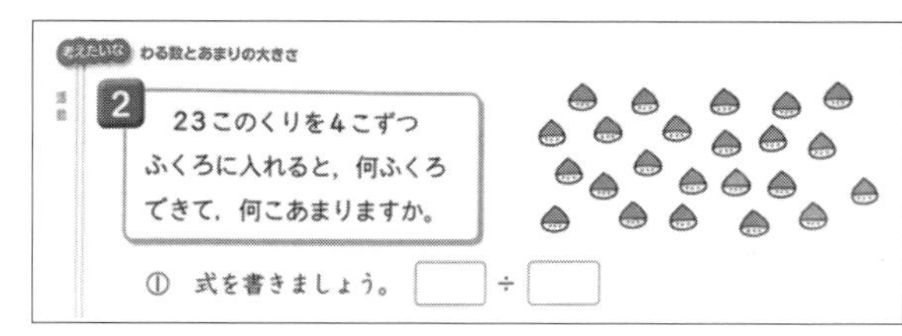

取り組むべき問題が載っています。単元で学習する内容が使われるように,場面や数値が設定されています。例えば,「あまりのあるわり算」の単元では,子どもがすでにもっている知識で解決できるように,九九の範囲で,わり切れないような組み合わせで用いられています。さらにあまりが出ても仕方がない状況設定もされています。「くり」や「カード」など,あまったものがそれ以上分けられないような状況です。「ジュース」や「テープ」などの連続量にすると,あまった分をさらに分ける発想が生まれます。そしてそれは小数の学習になります。このように,学習する内容が学習しやすいように整え

られた問題が用意されています。類似した問題も複数載っています。

③解決方法

代表的な解決方法が載っています。図や言葉で，どのように解決していくのか，その過程が説明されています。また空所を用意し，考えたり表現したりする子どもの活動を促すようになっています。問題をどのように考え，答えが何かわかるように示されています。

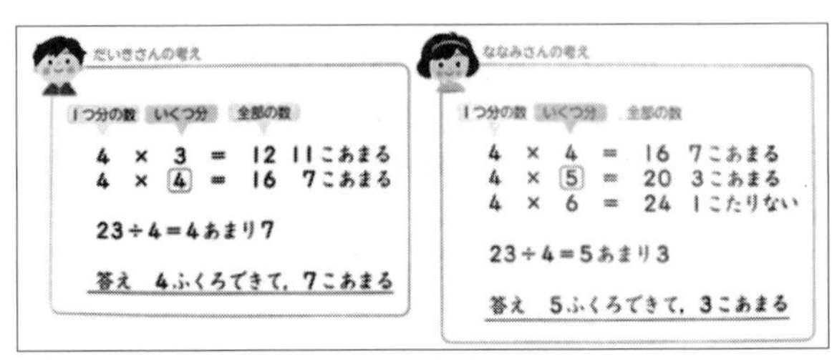

④問題の答え，学習内容

問題の答えが載っています。そして，「まとめ」のような

> まとめ
> わり算のあまりはいつも，わる数より小さくなります。

形で，学習する内容が載っています。例えば「面積」の学習では，「長方形の面積はたて，横の長さを使って，『長方形の面積＝たて×横』で求められます」とまとめられています。これが問題解決を追究した子どもに獲得させたい学習内容です。

このように，算数の教科書には「何を学習しているのか」「どの問題に取り組むのか」「どのように解決するのか」「そこから何がわかるのか」が，子どもが読んでわかるように載せてあります。他教科の教科書に比べて，この点が明確なところは，算数教科書の特徴です。

しかし，実はここが算数の教科書の落とし穴でもあります。本当に学ばせたいことは見えにくいことにあります。子どもが見てわかることだけで完結する学習でなく，見えていなかったことがわかるような読み方ができるような授業をしていくことが必要です。例えば次のようなことです。

(3) 子どもには見えないこと

子どもが見えることは，おおむね知識や技能です。初めてその内容を学ぶ子どもには，次のことは見えません。

①つまずきにつながる飛んでいる箇所
②練習問題の意図
③問題設定の意図　　等

(4) 指導経験が少ない教師には見えないこと

授業者の視点で教科書を見るとどうでしょう。内容は理解しているが，授業をした経験がない人（例えば教育実習生）には見えないことがあります。

①単元のつながり，単元の配列の意図
②学習者にとっての問題
③教科書にない解決方法
④教科書が大事にしていること　　等

(5) 経験を重ねた教師にもなかなか見えないこと

ある程度授業を経験してきた教師が見ても，なかなか見えてこないこともあります。

①なぜ算数を学ぶのか
②算数はどんな力を育てるのか
③子どもはどのように学ぶのか　　等

次項からは，子どもが教科書を見るだけでは見えないことについて，その具体を紹介していきます。

02 つまずきにつながる飛んでいる箇所

算数に限らず，人の認識は具体的な事象の理解を抽象化，一般化された概念の理解に変えることで深まります。りんごを認識するには赤りんごも青りんごも，様々な色や大きさのりんごも，まとめて同じものと認識したときに，抽象化，一般化された「りんご」という概念として理解されます。

算数・数学の認識は，数学的に抽象化，一般化していくことで深まります。「5」はキャンディが5つも，ボールが5つも，車が5台もどれも「5」と表す同じまとまりと捉えることで，「5」という概念を理解します。さらに，5L，5時間など，様々な事象も「5」と表すまとまりに含めていくことで，抽象化，一般化を進め，認識を深めていきます。この時，抽象化，一般化された「5」を具体に戻して説明できることも，認識を深めることにつながっています。

実は，中学年（3学年，4学年）の算数の学習内容は，抽象化，一般化がより求められるようになります。

「1，2年生の時は算数が得意だったんだけど，3，4年生になってからは苦手になっちゃった」。

こんな話を聞いたことがある人もいるかもしれません。「9歳（10歳）の壁」と表現されることもあるようです。しばしば，1，2年生の時に比べ，学習する内容が増えることが理由に挙げられます。加えて，具体を抽象化，一般化する内容や，抽象化された概念を具体的な事象で説明する内容に変わっていることも大きな要因です。そして，こここそ，子どもが見るだけ

ではわからない教科書の飛んでいる箇所です。例えば「あまりのあるわり算」の一場面を見てみましょう。4でわるわり算の式を12こ並べ，それぞれ商とあまりを書き出します。空所に学習者が数字を書き込む箇所もいくつかありますが，それぞれ個別的なわり算の計算をしているだけです。

このようにして並べられた12本の式から，すぐ下に「わり算のあまりはいつも，わる数より小さくなります」という抽象化，一般化されたまとめが書いてあります。具体的な事象を抽象化，一般化する過程が極端に短いのです。本来，わる数が4の場合の式だけを見て「いつも」と一般化するのは乱暴すぎます。わる数やわられる数をもっと変えて，あまりがわる数より小さくなっている具体的事象を集めたり，あまりがわる数より大きい場面（例えば，29 ÷ 4 = 6あまり5のような場面）を取り上げて，あまりの5をもっと分けられることを説明したりして，どうしてもあまりがわる数より大きくなることがないことに，子ども自身が納得していく過程が重要なのです。

実は教科書もその過程を大事にしています。指示文には「わる数とあまりの大きさの関係を調べること」「あまりについて気が付いたことを話すこと」と書かれています。つまり，抽象化，一般化の過程を子ども自身に追究させるものとして重視しているのです。これこそ「数学的な活動」です。

しかし，教科書を「読んで理解するもの」と捉えてしまうと，少ない具体的な事象で，乱暴な抽象化，一般化をしているように見えてしまうのです。そして子どもも，書いてあることを理解したつもりになってしまいます。子ども自身が抽象化，一般化して理解する力をつけるのならば，ここは飛ばしてはいけない箇所なのです。

03 練習問題の意図

(1) まとめの後の練習問題

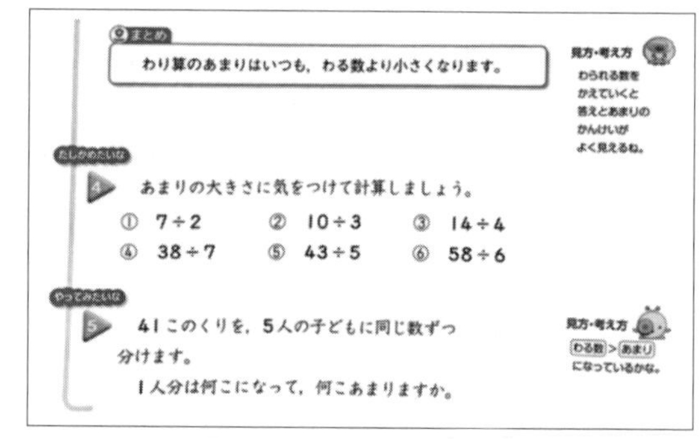
まとめ
わり算のあまりはいつも，わる数より小さくなります。

見方・考え方
わられる数を
かえていくと
答えとあまりの
かんけいが
よく見えるね。

たしかめたいな
4 あまりの大きさに気をつけて計算しましょう。
① 7÷2　② 10÷3　③ 14÷4
④ 38÷7　⑤ 43÷5　⑥ 58÷6

やってみたいな
5 41このくりを，5人の子どもに同じ数ずつ分けます。
1人分は何こになって，何こあまりますか。

見方・考え方
わる数＞あまり
になっているかな。

問題解決を経て，抽象化，一般化した後には，複数の問題が載せられています。

子どもが見るだけではこれはわり算の練習問題に見えます。例えば「7÷2」の問題は，ただ答えを求めるだけの問題であり，「3あまり1」と答えることで目的は達成されます。

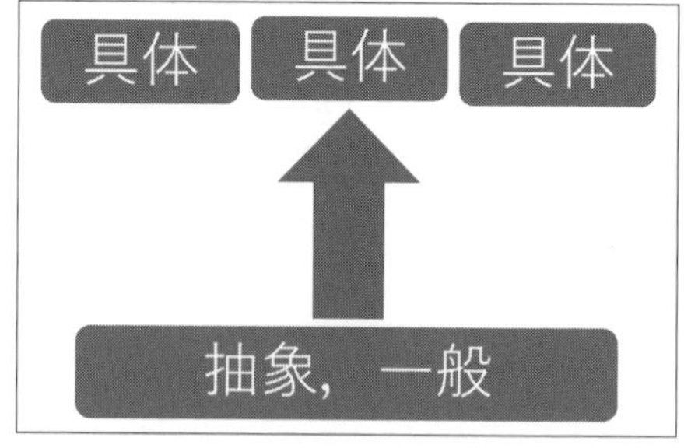

しかし，教科書に載せている問題には，それぞれ目的があります。前ページで紹介したような問題は，「問題→解決→まとめ」の流れによって，具体的事象を抽象化，一般化した概念の理解に変えることを目的にしていました。この場面の問題は「まとめ→問題」の流れによって抽象化，一般化した概念を具体に戻すことを目的としています。このように捉えると，「7÷2」の問題はただ問題を解くのではなく,「あまりはわる数より小さくなること」を，わる数が2の場面でもいえるのか確かめるために載せているものです。ですから解決も,「3あまり1。やっぱりわる数の2よりあまりは小さくなる」「商を2にするとあまりは3。わる数よりあまりが大きいとまだ分けられるから間違いだ」などと，わる数とあまりの関係について確かめる必要があるの

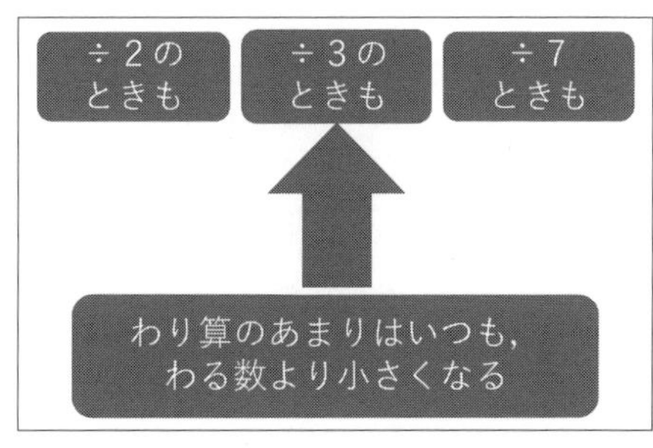

です。ここに載せた6問の問題は，全てわる数が異なっているのは，そのような理由があるからです。

このような目的，数値の意図が，子どもにも理解できるように，練習問題の扱いを考えていく必要があります。子ども自身の練習問題の見方が変わり，「だから，わる数が全部バラバラの数になるように問題が作られているんだ」と子どもが発見したり納得したりしてしまうような扱いをしたいものです。

(2) 単元末の問題の意図

単元末には，単元内の学習に関わる問題がまとまって載っているページがあります。子どもが教科書を見ると，これは習熟のページだと理解します。たくさん練習して，知識や技能を身に付けるための問題だと。もちろんそういう一面もあると思います。だから，とにかく載っている問題は全てやろうと思います。教師も教科書に載っている問題はできるようにさせてあげたいと考えると，なんとか時間をつくって，やらせているのではないでしょうか。

しかし，教科書はある程度整理した状態で問題を載せています。そして，子どもにもどのような意図で出題されているか示しています。例えば，右のようなページには，問題の前に説明されています。この説明が読み取れるようになると，「とにかく全部問題をやる」という捉えを変えることができます。

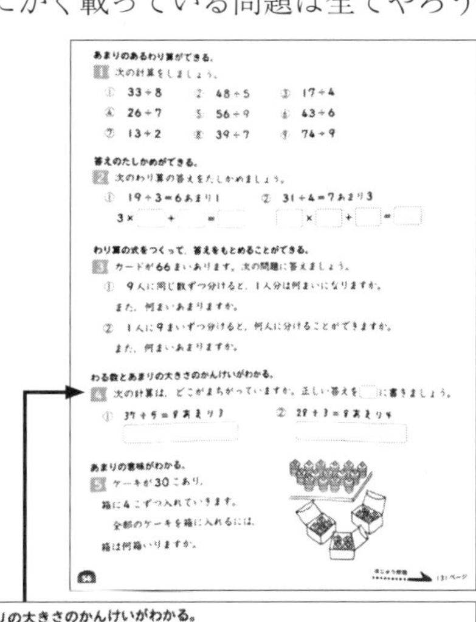

あまりのあるわり算ができる。

1 次の計算をしましょう。

① 33÷8　② 48÷5　③ 17÷4
④ 26÷7　⑤ 56÷9　⑥ 43÷6
⑦ 13÷2　⑧ 39÷7　⑨ 74÷9

答えのたしかめができる。

2 次のわり算の答えをたしかめましょう。

① 19÷3＝6あまり1　② 31÷4＝7あまり3

3×□＋□＝□　□×□＋□＝□

わり算の式をつくって，答えをもとめることができる。

3 カードが66まいあります。次の問題に答えましょう。

① 9人に同じ数ずつ分けると，1人分は何まいになりますか。また，何まいあまりますか。

② 1人に9まいずつ分けると，何人に分けることができますか。また，何まいあまりますか。

わる数とあまりの大きさのかんけいがわかる。

4 次の計算は，どこがまちがっていますか。正しい答えを□に書きましょう。

① 37÷5＝8あまり3　② 28÷3＝8あまり4

あまりの意味がわかる。

5 ケーキが30こあり，箱に4こずつ入れていきます。全部のケーキを箱に入れるには，箱は何箱いりますか。

わる数とあまりの大きさのかんけいがわかる。

4 次の計算は，どこがまちがっていますか。正しい答えを□に書きましょう。

① 37÷5＝8あまり3　② 28÷3＝8あまり4

例えば，このような出題の意図が理解できるのなら，自分がすでに習熟していると判断できる内容はやらないという選択があってよいわけです。習熟できているか判断できない内容や自信がない内容を選んで取り組めば，自分の理解度や習熟度，自信度に合った学習を選択することができます。

また，下のように2ページに分けてまとめの問題が用意されている場合は，まず，どちらかのページの問題にお試しで取り組んでみるとよいでしょう。習熟を確認できたら，その問題と同じ意図で出題されている問題はもうやらないという判断もできます。不安があることが確認できた（解けなかった，解けたつもりが間違えていた，解けたけど悩む箇所があった等）のなら，その理由を確認したり修正したりする活動を入れてから，もう一つのページの問題に取り組む判断があってよいでしょう。つまり，自分に必要な問題を自分で決めて，取り組むことを大切にするのです。

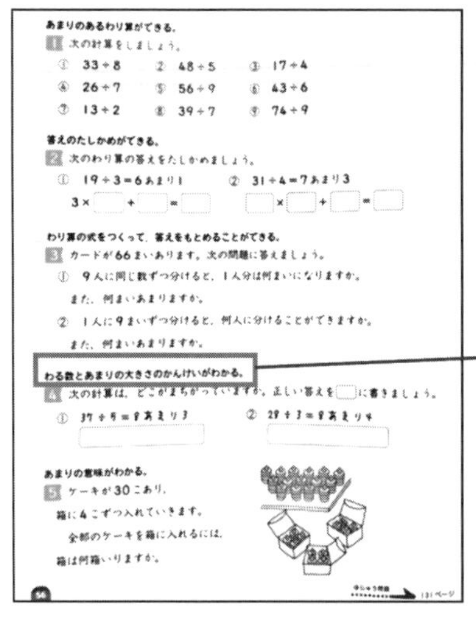
あまりのあるわり算ができる。
1 次の計算をしましょう。
① 33÷8　② 48÷5　③ 17÷4
④ 26÷7　⑤ 56÷9　⑥ 43÷6
⑦ 13÷2　⑧ 39÷7　⑨ 74÷9

答えのたしかめができる。
2 次のわり算の答えをたしかめましょう。
① 19÷3＝6あまり1　② 31÷4＝7あまり3
3×□＋□＝□　□×□＋□＝□

わり算の式をつくって，答えをもとめることができる。
3 カードが66まいあります。次の問題に答えましょう。
① 9人に同じ数ずつ分けると，1人分は何まいになりますか。また，何まいあまりますか。
② 1人に9まいずつ分けると，何人に分けることができますか。また，何まいあまりますか。

わる数とあまりの大きさのかんけいがわかる。
4 次の計算は，どこがまちがっていますか。正しい答えを□に書きましょう。
① [illegible]　② [illegible]

あまりの意味がわかる。
5 ケーキが30こあり，箱に4こずつ入れていきます。全部のケーキを箱に入れるには，箱は何箱いりますか。

131ページ

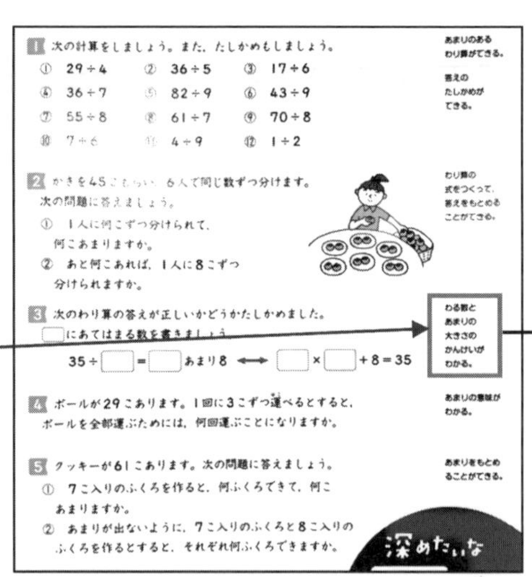
1 次の計算をしましょう。また，たしかめもしましょう。
① 29÷4　② 36÷5　③ 17÷6
④ 36÷7　⑤ 82÷9　⑥ 43÷9
⑦ 55÷8　⑧ 61÷7　⑨ 70÷8
⑩ 7÷6　⑪ 4÷9　⑫ 1÷2

あまりのあるわり算ができる。
答えのたしかめができる。

2 かきを45こもらい，6人で同じ数ずつ分けます。次の問題に答えましょう。
① 1人に何こずつ分けられて，何こあまりますか。
② あと何こあれば，1人に8こずつ分けられますか。

わり算の式をつくって，答えをもとめることができる。

3 次のわり算の答えが正しいかどうかたしかめました。□にあてはまる数を書きましょう。
35÷□＝□あまり8 ⟷ □×□＋8＝35

わる数とあまりの大きさのかんけいがわかる。

4 ボールが29こあります。1回に3こずつ運べるとすると，ボールを全部運ぶためには，何回運ぶことになりますか。

あまりの意味がわかる。

5 クッキーが61こあります。次の問題に答えましょう。
① 7こ入りのふくろを作ると，何ふくろできて，何こあまりますか。
② あまりが出ないように，7こ入りのふくろと8こ入りのふくろを作るとすると，それぞれ何ふくろできますか。

あまりをもとめることができる。

深めたいな

「全てやり終えることが大切」という考えではなく，子どもがその内容を本当に学んでいるか，そして自分にとってよりよい「学び方」を獲得できているかという目で，問題の扱いを考える必要があるのです。

なぜなら，今後の教科書はデジタル化されている中で，問題量をもっと増やすことができるようになります。問題量もそうですが，様々な出題方法も可能になるでしょう。問題が増え，多様化していく中で「載っている問題は全てやらなければいけない」という学び方ではなく，「自分にとって必要な問題を選択して取り組む」という学び方を身に付けることがますます必要になります。

多くの学校で取り入れられるようになっている，“AIドリル”と呼ばれるような電子版のドリルがあります。「その子の苦手な内容をAIが分析し，最適な問題を選び出し出題します」という説明は確かに魅力的に聞こえます。しかし，本当にそのような使い方しかしなかったら，子どもは考える力を失っていきます。考えなくても与えられる問題をやればいいわけですから。そうではなく，取り組む問題が教科書の問題でも，算数プリントのような問題でも，AIドリルでも，大切なことは，取り組む本人が前に進むために，自分にとって必要だと思うことを決め，自分で取り組むことです。

(3) 学習とは学びほぐすことである

このような出題の意図は，単元末の問題だけでなく各授業場面でも示されています。出題の意図という視点で教科書を読み取ることができれば，どこかの問題で引っ掛かりを覚えたとき，同じ出題意図の問題に戻って考え直すということができます。

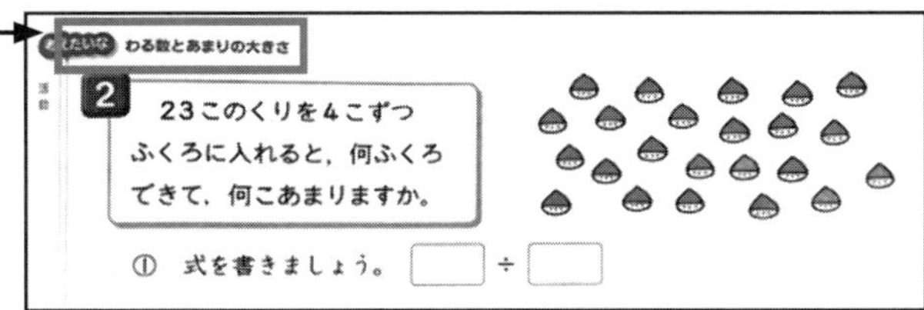

例えば，「わる数とあまりの大きさのかんけいがわかる」ために出題された問題で，よくわからなくなったときは，「くり」の問題場面まで戻って学び直すことができます。

苅宿ら（2012）は，人は多くのことを学んできているが，その中のかなりは「まなびほぐす（アンラーンする）」必要があると述べています。

教科書は，進めることを子どもも教師も意識してしまいがちです。進めることと同じくらい戻ることを意識することで，子どもは自分に合った学びを実現できるようになるのです。

04 問題設定（数値や場面）の意図

教科書に載っている様々な問題。この問題設定には，様々な意図が込められています。例えば，3年生のわり算の1時間目にあるこの問題には，どのような設定の意図が隠れているのでしょう。

◆数値設定の意図

①活動をイメージした数値設定

この場面は実際に総数12個を4人で等分する活動に子どもが取り組むことを想定しています。数が大きすぎると，その活動に丁寧に取り組むことができなくなります。分ける過程に学ぶ内容があるわり算のような学習場面では，特に子どもの活動を意図した数値設定が必要です。

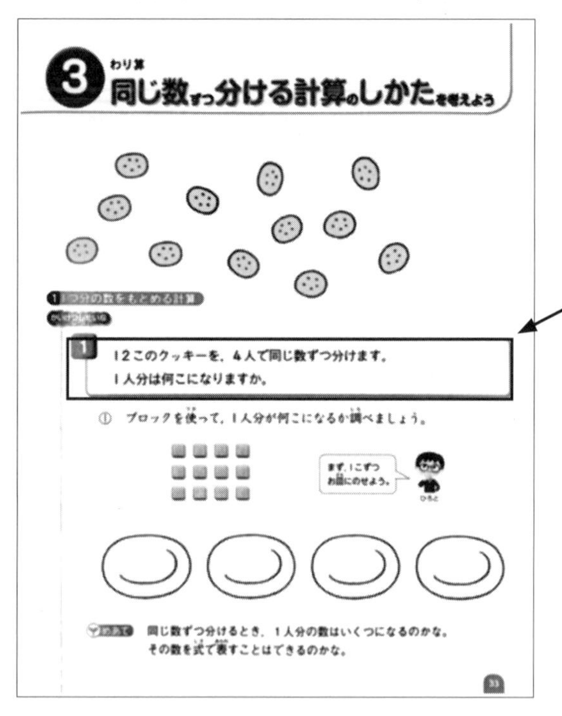

活動させてみるとわかりますが，「4」という数値設定が等分のイメージをもちやすくしています。2年生の分数の半分の半分の操作も想起されるのでしょう。「3」や「7」では子どもがどのようなイメージをもつのか，数値設定を考えるときに大切にしたい視点です。

②意味を追究できる数値設定

例えばクッキーの数を16個にしてみます。すると，16÷4＝4となり，4が二つ出てきてしまいます。このような数値の重なりがあるような設定だと，子どもはクッキーの数の「4」と，人数の「4」とを混同してしまいます。数値が何を表しているのか，その意味を説明することが難しくなってしまいます。

12÷4＝3のように数値の重なりがないように設定することで，「3」が分けられたクッキーの数で，「4」が分けた人数だと，数値と場面とを関係付けて理解できるようになるのです。

③他の学習場面とのつながり

本時だけでなく，単元の先のページを見てみましょう。実は3時間目には次のような場面が設定されています。場面が異なるのに，式は「12÷4＝3」になることをねらっての設定と考えます。一方では「4個ずつ分ける」，他方では「4人に分ける」。同じ式だけど「÷4」が表している意味は違います。数値を同じにすることで，意味の違いが明確になります。そして意味の違いを明らかにすることで，包含除と等分除といわれる分数の意味の理解を深めることができます。

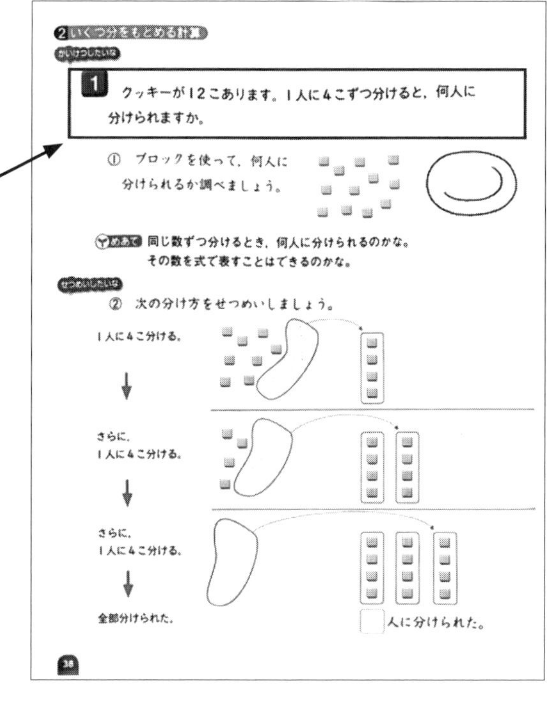

このように，問題の数値設定は，その時間の問題場面だけでなく，他の学習場面とつなげてみることで，見えるようになることもあります。

第2章 算数教科書をどう読むか

01 このページでどういう授業をするか

教科書は見る人によって見えるものが違います。

授業者の視点で教科書を見るとどうでしょう。学ぶ側（子ども）と，授業を構想する教師とでは，意識の違いから見えるものが違ってきます。そして，授業の経験の違いも大きく見え方に影響してきます。

私が担当した教育実習生が次のようなことを日誌に書いてきたことがありました。

「教師はわかりやすく説明できることが一番大切だと思っていた。でも，教師が説明すればするほど，伝わっていないような気持ちになった」

「めあてを決め，めあてを達成するために必要な活動をどれだけ着実にできるかということを重視していた。すると子どもたちが考えて発言したことが，生かしきれない授業になってしまった。結局自分が計画していたことをただ進めていただけの授業になってしまった」

教科書に載っている内容は，教育実習生には見えています。内容も理解しています。しかし，その内容を子どもが学べるようにするとなると，難しくなります。教科書を別の視点から見て，読み取る必要が出てきます。例えば，次のような視点です。

①単元のつながり，単元の配列の意図
②学習者にとっての問題
③教科書にない解決方法
④教科書が大事にしていること

(1) 単元のつながり

4年生「小数」の単元の導入場面です。

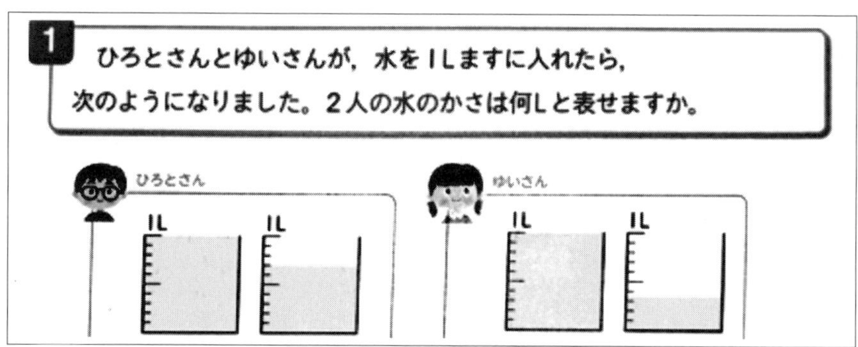

二つの液量を並べて提示しているのは，前単元とのつながりを意識しているからです。左側の1.7Lと表すことは3年生の小数の単元で学習しているので，子どもはすでに表すことができます。本単元では，右側の液量が子どもにとって初めて考える問題になります。

では，なぜ左側のように，すでに子どもがわかっている問題を示しているのでしょう。既習内容（左側）を確認しないと新しく学習する内容（右側）を解決できないからでしょうか。

私は，前単元から一貫して学ぶ内容があるからだと考えています。その内容は，「水のかさは○.○○Lです」と具体的に量を表現できることにとどまるものではなく，もっと抽象化，一般化された大きな内容です。小数の学習では，「1を10等分して新しい単位を作る」ことであり，十進位取り記数法の考えをもとにして表すことがそれにあたります。

そこで，私だったら左側も右側も液量は変えずに，目盛りを消して提示します（右図）。子どもに目盛りを引かせ，「10等分して新しい単位を作る」必要感を生むためです。

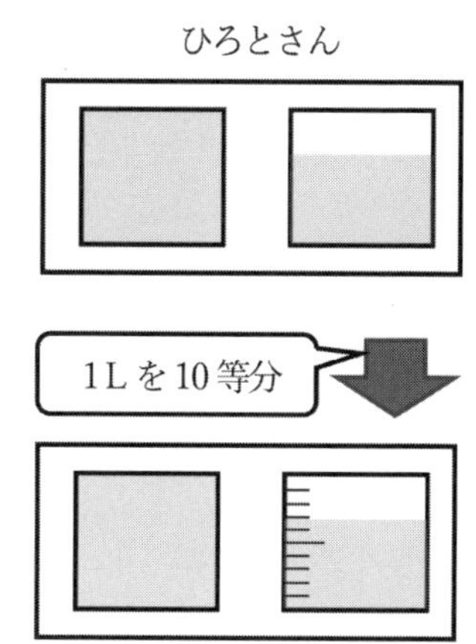

子どもが必要感をもって10等分したことに対して，「なぜ10等分するのか」とその理由を問います。10等分して0.1Lという単位を作った経験を全員に想起させ，表現させます。こうして，1Lを10等分して0.1Lという新しい単位を作り，0.1Lの7つ分で0.7Lと表

現することが確認されます。本時のねらいは,「0.1Lを10等分して0.01Lという新しい単位を作ること」です。共通しているのは,既有の単位でははっきりと表せないときに,「10等分して新しい単位を作る」ことです。

このように,前単元の内容が並んで提示されているのは,教師が学ばせたいと願う抽象化・一般化したねらいに迫るためと考えれば,前単元と本単元を貫いて学ぶ「10等分して新しい単位を作る」ことに子どもの意識が向くように教材を吟味する必要があります。

(2) 学習者にとっての問題

教科書に載っている問題は,「水のかさは何Lと表せるか」です。子どもにとっては外から投げ掛けられてくる問題であって,自分の中から湧き起こってきた問題ではありません。学習者が本当に考えなければいけない焦点化された問題は教科書には載っていません。子どもの中に生まれるものであり,子ども一人一人異なるものです。では,子どもが本当に解決に取り組まなければならない問題はどのように生まれてくるのでしょう。

それは,子どもが問題解決に取り組んでみた後で生まれてくるものです。このことは,教師も子ども自身も見落としがちです。どのようなところでわからなくなったり行き詰まったりするのかは,ある程度,問題解決に取り組んでみないとわかりません。学習者にとっての問題は,子どもの実態や教師の授業構想によって大きく異なり,教科書には載せられないのです。

もし,子ども自身が問題を見つける前に,先回りして教師が問題を子どもに与えていると,育てられない力があります。それは,「問題発見力」です。

問題を正しく解決できることと同じくらい,学習者自身が問題を発見することは大切なことです。学習指導要領(2017)でも「学習の基盤となる資質・能力」の一つに「問題発見・解決能力」が挙げられています。

4年,小数の学習に話題を戻します。ひろとさんの水の量は10等分して表せたので,ゆいさんの水の量も10等分すれば表せるという見通しがもてます。しかし,実際に10等分してみると,ピッタリの目盛りにならないことがわかります。「えー，またはしたになってしまう」「どうしよう」という声が聞こえてきます。「それだったらさあ……」と別のアイディアが思いつく子どももいます。このような場面が，子どもにとっての問題が生まれた場面の一つです。「どうしたらいいんだろう」という困難さや，「こうしたらいいんじゃないか」という仮説的な考えが子どもに浮かぶ場面です。

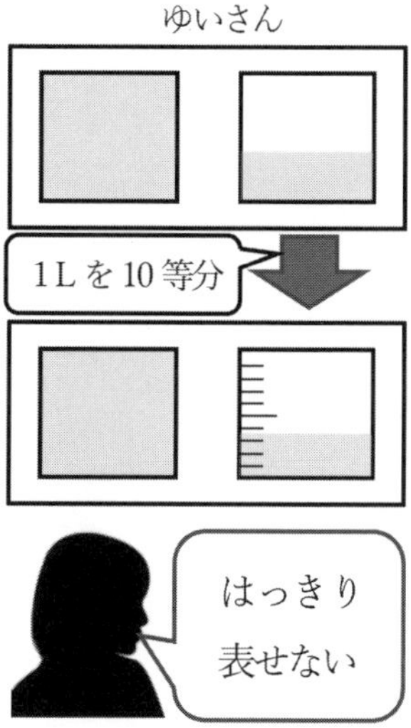

ゆいさん

1Lを10等分

はっきり
表せない

授業では，このような場面で，

「1Lを10等分してもはっきりしないとき，どのように表したらよいか」

「○○したらいいという方法で正しく表せるか」

などと，子どもから湧き起こってくる問題を授業のねらいに応じて明文化します。子どもに理解しやすい言葉で表せない課題は，子どもの捉えも曖昧になって追究がぼやけてしまいます。学習集団全員が共有して解決に取り組む必要がある問題は集団で共有して設定します。個々に追究していく必要がある問題であれば個々に明文化して設定します。学習のねらいに応じて最適な形で設定されることが求められます。

このように，学習者にとって本当に考えるべき問題は，学習者によって発見，設定されることが望ましく，教科書に載っている問題は子ども自身が発見，設定できるように「まず取り組んでみる問題」として用意されているものと見ることもできるのです。

(3) 教科書にない解決方法

教科書には問題に対する解決方法が載っています。問題をどのように考え，どのように解決するか，そしてそこから学ぶべきこと（抽象化・一般化した内容）が順に整理された状態で書かれています。

しかし，全ての子どもがこのように考えられるわけではありません。例えば，0.1Lを正しく10等分することができなかったり，10等分した図を見て1.36（一点三十六）と読んだりするような子どもはいるわけです。授業の経験を重ねるほど，様々な子どもの思考に触れるので，「この場面では子どもはこんなふうに考えるよなあ」と子どもの思考を想定できるようになります。しかし，教科書に載っている解き方以外の子どもの思考が，実際に授業をするまでは見えないのです。

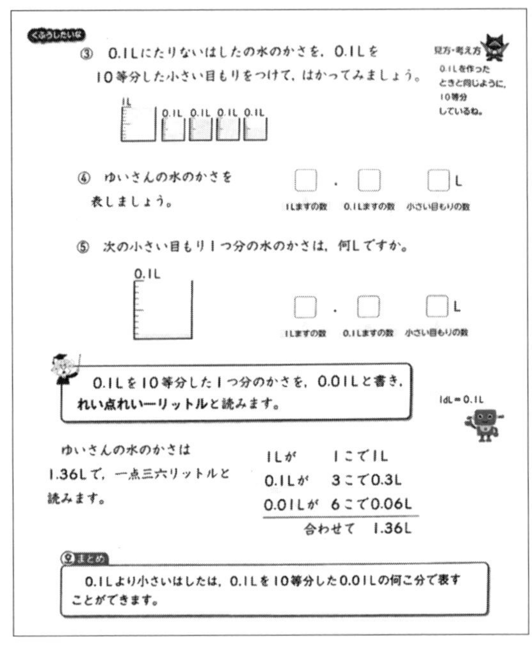

このように教科書にない考えが見えるようになるためには，授業前と授業中の大きく二つの場面で意識することがあります。

・授業前に自分で解いてみて，困る場面を中心に教材や発問を準備する

私は教科書の図で，0.1Lを10等分することができませんでした。そこで子どもの考えを生かすために，1Lますの図を挿入したワークシートを工夫して準備することにしました。この1Lますの図を10cm × 10cmにしておくことで，1Lを10等分すると0.1Lが1cm，0.1Lを10等分すると0.01Lが1mmになります。長さを調整しておくことで，単位を10等分にするという発想ができれば，作業は簡単にできるようになります。

・授業中に，その子らしいわかり方を生かして展開する

子どもがすでにもっているわかり方を生かす授業づくりです。例えば1.36を「一点三十六」と読んだ子どもがいました。整数部分は桁が増えていけば「何十何」と読むわけですから，小数点以下の桁が2桁になったとき，そのように読むことにはその子どもなりの論理があります。

ゆいさんの水のかさは
1.36Lで，一点三六リットルと
読みます。

1Lが　1こで1L
0.1Lが　3こで0.3L
0.01Lが　6こで0.06L
合わせて　1.36L

正しい読み方は子どもに考えさせるようなことではないので，このように子どもが表現に迷っている場面で教師から教えてあげることが大切でしょう。

しかし，小数の学習を通して学ばせたいことが，「10等分して新しい単位を作ること」だとすると，この子らしいわかり方を生かす方法も考えてみるとよいと思います。私だったら，

「36といえば『1が36こある』ということだったよね。では0.36の36は『何が36こある』ということなんだろうね」

と問います。こうすることで，「小さなめもり1つ分（0.01）が36こ」と新しい単位を話題の中心にすることができます。

また，「0.01が36」としなくても，「0.1が3こ」と「0.01が6こ」と，それぞれの単位を使って表せることもきっと子どもから出てくるでしょう。

子どもがすでに学んできたことを学びほぐすことで，「単位のいくつ分で表す」「単位を10等分して新しい単位を作る」という，本質的なねらいにせまることができるのです。

02 算数教科書の新しいコンセプト

教科書は学習指導要領に沿って作られます。学習指導要領算数解説編（2017）を見ると，算数科の目標を「目標の示し方」「算数科の学習における『見方・考え方』」「算数科の学びの過程としての数学的活動の充実」の三つの視点で改善されたことが説明されています。教科書もこの三つの視点は重視されていることが読み取れます。

(1) 目標の示し方

算数科・数学科において育成を目指す資質・能力を,「知識及び技能」,「思考力,判断力,表現力等」,「学びに向かう力,人間性等」の三つの柱に沿って明確化されました。教科書も,資質・能力の育成は大きなコンセプトの一つです。しかし,教科書という限られた紙面で,全てを述べ切ることには限界があります。教科書をどのように読み,目の前の子どもの実態に応じてどのような授業を構想するかという,一人一人の教師の役割が重要となります。教科書は,授業を構想するためのポイントを示すものになっています。

例えば,単元の学習内容とは別に,教科書で大切にされていることが説明されているページがあります(各上巻の目次の後ろ)。ここでは,「考える力」「判断する力」「表す力」について,その学年の内容を例に子どもにわかる表現で説明されています。例えば,3年生の「判断する力」には「間違いを見つける力」「正しい方を見つける力」「考えを比べる力」の三つが紹介されていますが,4年生の「判断する力」には「間違いを見つける力」「特報で分類する力」「考えを比べる力」の三つが紹介されています。資質・能力について,例えば「思考力,判断力,表現力」がどのような力か,子どもにわかるように説明するのは難しいことだと思います。ここで紹介する教科書では,授

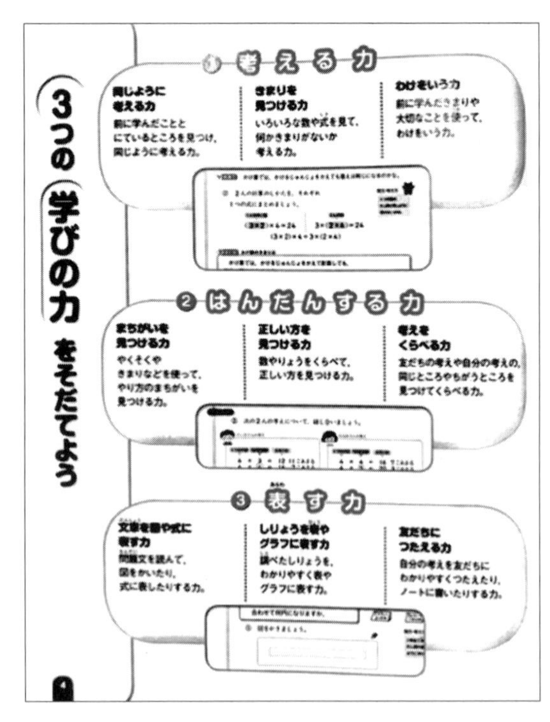

業中に発揮されることが多い力に絞って，子どもにもわかる表現で説明されています。これは，授業を構想するためのポイントとなるものです。各単元の学習中に，子どもが力を発揮したとき，このようなページに立ち戻るのも効果的でしょう。

(2) 算数科の学習における「見方・考え方」

算数科・数学科における「数学的な見方・考え方」について「事象を数量や図形及びそれらの関係などに着目して捉え，論理的，統合的・発展的に考えること」と示されたことを踏まえると，算数科の学習における「数学的な見方・考え方」については，「事象を数量や図形及びそれらの関係などに着目して捉え，根拠を基に筋道立てて考え，統合的・発展的に考えること」であると考えられます。

数学的な「見方・考え方」についてはこのように説明されるとともに，資質・能力の三つの柱全てに働くものと説明されています。教科書ではそれぞれの指導場面で，働かせることが望ましい「見方・考え方」について明示的に説明されています。

例えば，先ほど紹介した4年生「小数」の学習場面では，「見方・考え方」の一つ，「同じを見つける」ことをキャラクター化して明示しています。0.1Lを10等分して0.01Lという新しい単位を作る場面が，3年生の「小数」の学習で1Lを10等分して0.1Lを作った場面と同じであることに気付かせる意図があります。

では，3年生「小数」の学習場面を見てみるとどうなっているのでしょう。「同じを見つける」のキャラクターが載っていて，「1Lを10等分した1つ分を1dLとしたときと同じように考えられないかな」と書いてあります。つまり2

4年小数

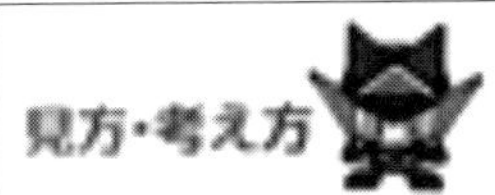

0.1Lを作ったときと同じように。10等分しているね。

3年小数

1Lを10等分した1つ分を1dLとしたときと同じように考えられないかな。

年生の「かさ」の学習場面と同じであることに気付かせているのです。

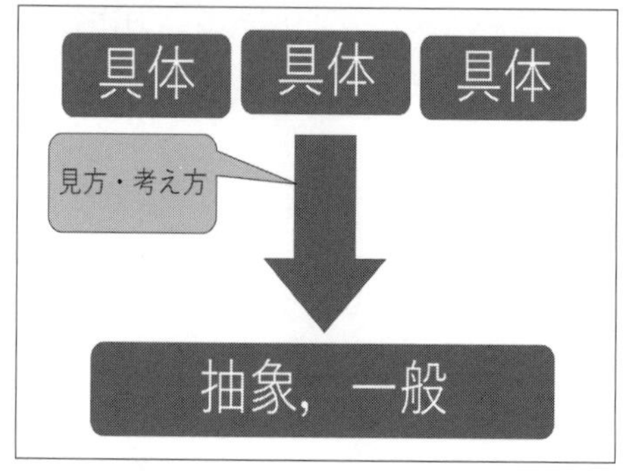

このように算数は，全く異なる学習をしていても，見方を変えると「同じを見つける」ことができる場面がたくさんあります。「同じを見つける」ことで，具体的なことをバラバラに学習するのではなく，大きなまとまりとして抽象化・一般化した学びに変えることができるのです。

他にも「きまりを見つける」「1つ分を作る」等，場面に応じて紹介されています。どの「見方・考え方」もその場面だけで働かせるものと捉えず，複数の場面（教科書に載っていない場面も含めて）で働かせているものと捉えることが大切です。活動の中で自然と「きまり」に目を向けていた子どもが，別の場面では「きまり」はないかと意識的に働かせて活動に取り組むことがあります。また，見方を少し変えることで，これも同じきまりとみなそうとすることもあります。このように，同じ「見方・考え方」でも，その働かせ方は少しずつ変わり成長していくのです。

いずれにしても「見方・考え方」は具体的な事象をまとめ，抽象化，一般化するときに働かせるものであり，その働かせ方は子どもの中で少しずつ変容しながら成長していくものと捉え，長い時間をかけて成長を支えていくことが大切でしょう。

(3) 算数科の学びの過程

資質・能力が育成されるためには，学習過程の果たす役割が極めて重要です。算数科・数学科においては，中央教育審議会答申に示された「事象を数理的に捉え，数学の問題を見いだし，問題を自律的，協働的に解決し，解決過程を振り返って概念を形成したり体系化したりする過程」といった算数・数学の問題発見・解決の過程が重要となります。

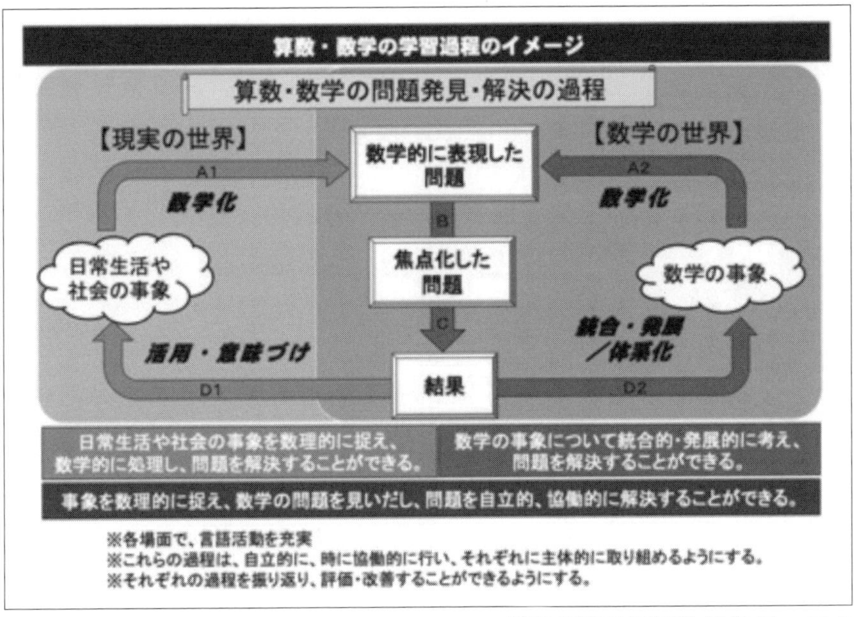

※学習指導要領解説 算数編 pp7-8

このような学びの過程の重要性は，教科書にも反映されています。

一つは問題発見力の重視です。上図の左側のサイクルは，現実の世界から数学的な問題を発見する過程が位置付けられています。教科書もこの過程は重視されています。教科書の単元の導入場面には日常生活や社会の事象が紹介され，数学的に表現した問題を設定するまでの文脈が描かれています。例えば，4年「小数」の学習では，「1Lぴったりに水を入れるゲーム」に取り組む様子から，1Lぴったりにならなかった水の量をどのように表現するかという算数の問題を見いだす場面が丁寧に描かれています。

このようなページが用意されているのは，問題が生まれる文脈そのものを理解することよりも，子どもが心から「解決したい問題」を見つけることを大切にしているからです。問題は誰かから与えられるものではなく，学習者の中に湧き起こるものです。子どもが自分で問題を見いだすことを大切にするならば，子どもの実態，学校の環境に応じて，教師がどのような生活場面や事象を設定するか，教科書の場面を例にしながら各々で工夫する必要があるでしょう。

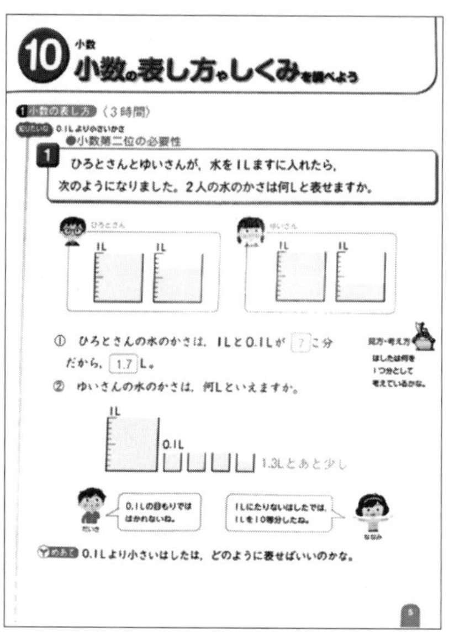

数学的に表現した問題の解決に取り組むと，考えるべき問題が焦点化されます。上のページであれば，右下の「めあて：0.1Lより小さいはしたは，どのように表せばいいのかな」が焦点化した問題にあたる部分とみることができます。焦点化は教師が一方的に行うのではなく，子どもが必要に応じて設定できるように配慮する必要があります。一方で，子どもが問題意識をもったものを全て焦点化してしまっては，這いまわって学びが深まっていきません。算数科で育てたい力が育成されるよう教師が教材研究をし，適切に介入していくことが必要です。

教科書に載っている“めあて”は，焦点化した問題の一例であり，「子どもの主体性」と「教科の学びを深める」という二つの視点から，その内容を教師がよく吟味しておく必要があります。

もう一つは解決の過程を振り返るということです。学習過程のイメージを見ると，問題を解決し結果を導いた後，それぞれ矢印が左と右にのびています。これが，解決過程を振り返る場面です。左にのびた矢印は，得られた結果を意味付けたり活用したりすることにあたり，右にのびた矢印は，概念を形成したり体系化したりすることにあたります。

単元末にそのような内容を位置付けている教科書もあります。例えば

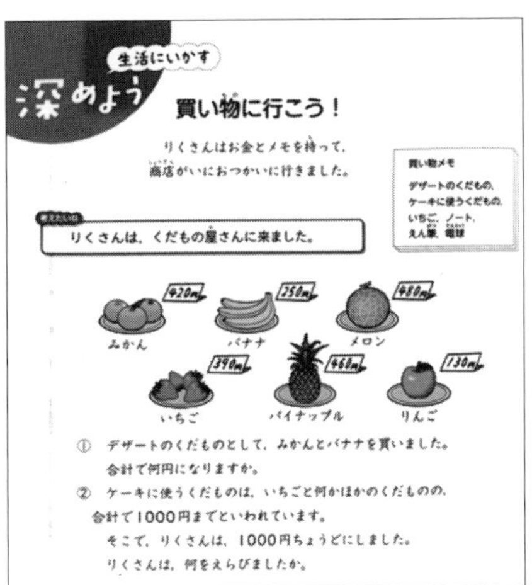

「3けたのたし算ひき算」の単元末には，実際の買い物場面を想定した問題が用意されています。金額の計算だけでなく，キリのいい金額にすることや硬貨の枚数を少なくすることなど，学習したことを，生活場面の様々な事象に活用する力が発揮されるように問題が設定されています。

「2けたをかけるかけ算」の単元末には，「43 × 68」と「34 × 86」の答えが同じになる理由を追究したり，積が等しくなる2けたどうしのかけ算を探したりする課題が載っています。単元の学習内容を振り返り，かけ算の筆算の構造の理解を深め，概念を広げたり深めたりする力が発揮されるように問題が設定されています。これは右にのびた矢印のサイクルを意識していることがわかります。

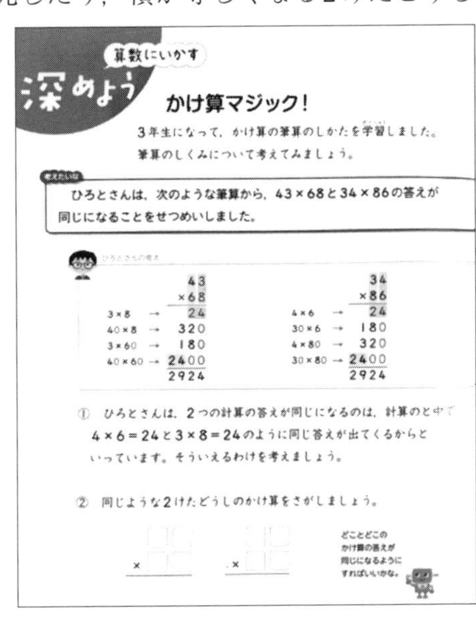

このように教科書は，問題を正しく解決することだけでなく，問題を発見したり，多様な考えを出して話し合ったりする活動や，そのとき働かせる「見方・考え方」を明示するようになっています。解決の結果だけでなく，解決の過程を重視することは，「学び方を学ぶ」という大きなコンセプトを表しているものといえるでしょう。

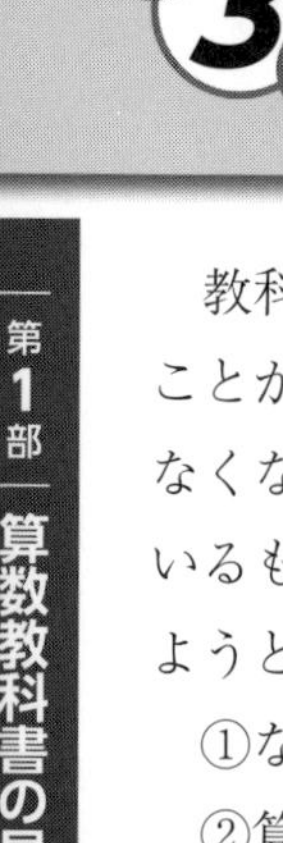

第3章 算数教材研究のポイント

教科書は，ある程度経験を重ねた教師が見ても，なかなか見えてこないことがあります。経験を重ねるからこそ，自分の経験に引っ張られて見えなくなっていくものもあります。時代によって，求められる力が変わっているものもあります。例えば，次のようなことを，授業者はどのくらい見ようとしているのでしょう。また，どのように見えているのでしょう。

①なぜ算数を学ぶのか
②算数はどんな力を育てるのか
③子どもはどのように学ぶのか

01 なぜ算数を学ぶのか

(1) 算数を学ぶのは当たり前?

「算数は何を学ぶ教科ですか」。

日々仕事をしている中で，このように教科を学ぶ意味を尋ねられたり考えたりする機会は，ほとんどないのではないでしょうか。もし皆さんがこのように尋ねられたら，どのように答えますか。

「算数は，たし算やひき算，かけ算，わり算，図形などについて学ぶ教科」など，教科書に載っている単元名を思い浮かべる人がいるかもしれません。

「論理的に考える力，早く，簡単に，正確に問題解決する力」など，子どもに育てたい力を思い浮かべる人もいるかもしれません。

「問題解決に取り組む楽しさ，みんなで協力する大切さ」など，態度や心情を思い浮かべる人もいるかもしれません。人によって異なるのは，それぞれこだわりがあり，異なる指導観をもっているからです。

私が，こうした教科の本質を考えることの重要性に気付いたのは，十年以上の経験を積んでからでした。それまで決められた内容をわかりやすく教えることが授業であり，「算数が何を学ぶ教科か」を考えることもありませんでした。しかし，様々な方と出会い，人によって授業をするときに重視していることが異なることを知りました。そして，授業を見たり経験したりし，この重視していることの違いが，子どもの育ちに強く影響を与えていることを実感したのです。

ある先生が指導したクラスの授業では，子どもが問題解決に取り組むときに，「○○という視点で見ると同じ（違う）」などと，視点を整理しながら概念化している姿が度々見られました。また，何か一つ問題解決をすると「だったら○○の場合は……」と子ども自身が新たな問題を見つけて追究し始める姿がありました。そういう子どもがいたというよりは，そういう雰囲気がクラス全体にあるという感覚でした。そして，そのように展開される授業が，とても算数的だと感じたのです。当時私が授業していた学級には見られない雰囲気に，憧れをもちました。

同じ教科書を使って，同じ内容を指導しているのに，どうしてこのような違いが生まれるのでしょう。学力テストやプリント問題等の正答率に大差はありません。私のクラスの子どもも知識や技能はある程度身に付いています。

それなのに，その先生と全く同じ問題を提示しても，同じ発問をしても，子どもの反応が全然違うのです。

その時痛感したのが，算数の授業をする目的意識が根本的に違っていたということです。算数の内容を教師が教えるのではなく，算数の内容を子ども自身が学ぶための「学び方を育てる」ことが目的としてあったのです。

(2) 算数の本質を捉える

「学び方を育てる」ことを授業の目的と捉えると，算数科はどんな学び方を育てる教科なのでしょう。これについては，もしかしたら正解なんてないのかもしれません。時代によって変わるものかもしれません。だとしても，目指す学び方を明確にいえる教師といえない教師とでは，その教室の授業で育つ子どもの様相は大きく変わります。これは子どもの学びの事実から痛感したことです。

この見えない算数の本質を捉えるために新潟大学附属新潟小学校初等教育研究会(2020)では，次のようなイメージでねらいを捉えることとしています。

1時間ごとにねらっている学習内容を三角形一つで表すとします。例えば7時間の単元ですと，図1のように並ぶことをイメージします。このイメージでねらいを捉えると，毎時間のねらいがバラバラで，それぞれ独立しているように見えます。

単元というのは教育の目的のために内容をひとまとめにしたものです。図1も内容のまとまりが見えるように図2のように並べ直すと，三角形に重なりが生まれることがわかります。このような内容の重なりを視点に，学習のねらいを三つに分類して捉えるようにしています。

図3のように，一番外側に突き出ている重なりが見られない部分を「個別的な内容」，真ん中の部分的に重なり合っている部分を「中核的な内容」，中心部分の全面的に重なっている部分を「教科の本質」と呼ぶこととします。

「個別的な内容」は1時間や一つの活動で学習する内容です。時間が変わったり活動が変わったりすると，内容も異なります。

「中核的な内容」は単元

図1

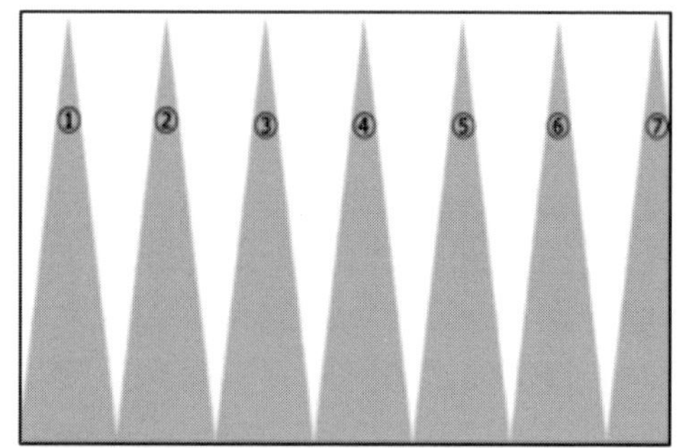

図2

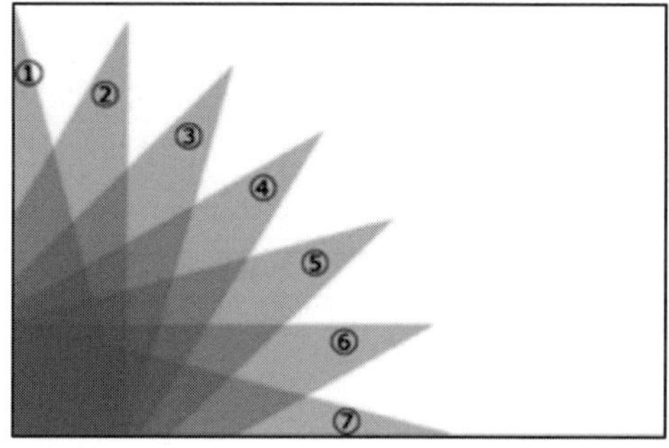

図3

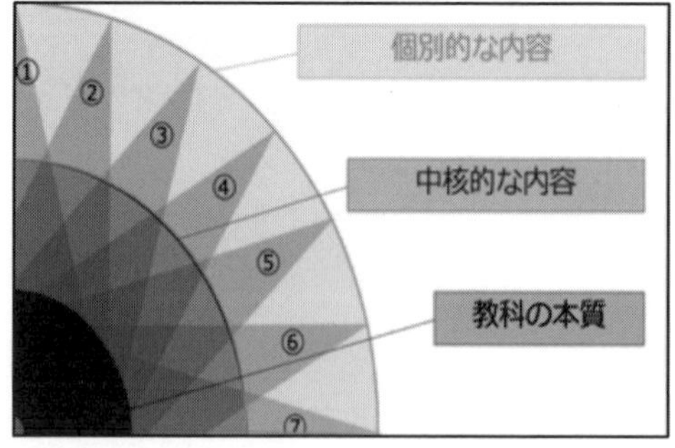

（または領域）を通したねらいです。「個別的な内容」を束ねて概念化した内容ともいえます。

「教科の本質」は算数を学習するねらいそのものです。かなり大きく表現することは難しいですが，算数には他教科とは異なる算数ならではのねらいがあります。それを授業者がよく考え，吟味し，言語化することが大切です。

私は，数学的な見方・考え方の説明の中にある「統合的・発展的に考察すること」を基にして「同じとみること」と設定しています。これは，例えば，これまで別々のことと認識していた内容について，「この視点で見ると，○○も同じだね」などと，視点を変えて同じと捉え直すことです。また，まだ追究していない内容について，「これまでと同じように考えられるかな」「だったら，このときはどうなるかな」と考えることです。算数の学習は，どの内容も，統合的・発展的に考えることを通して「同じとみる」ことを学習していることが見えてきます。

・個別的な内容：１時間，１活動ごとに学習することをねらう
・中核的な内容：複数時間，複数単元を通して学習することをねらう
・教科の本質：全ての算数授業で学習することをねらう

このように整理すると，算数を学習するということは，「個別的な内容」を学習することを通して，「中核的な内容」を追究し，「同じとみる」という「学び方を学ぶ」ことだということができます。

(3) 4学年「面積」の学習を例に

例えば，研究授業でよく扱われる複合図形の求積の学習場面で考えてみます。教科書では右図のようなL字形の図形を提示し，面積の求め方を考えさせる展開が紹介されています。三つのねらいを意識すると，教科書の見え方も変わってきます。

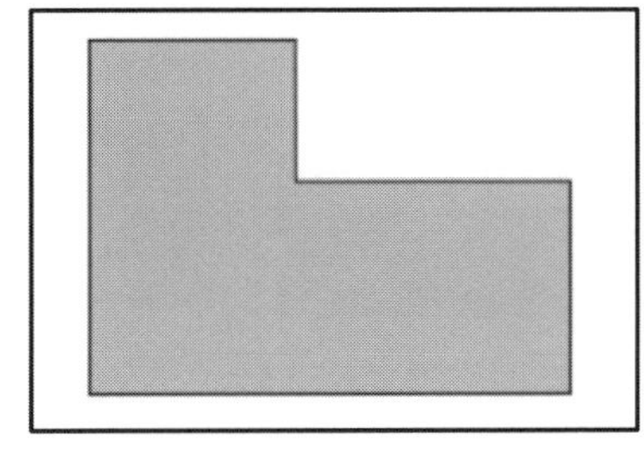

教科書には，この問題に対する解法

がいくつか紹介されています。このような解法の一つ一つは「個別的な内容」といえます。複合図形の面積を正しく求めることができることをねらいと考えれば，これで十分ねらいを達成したということになります。

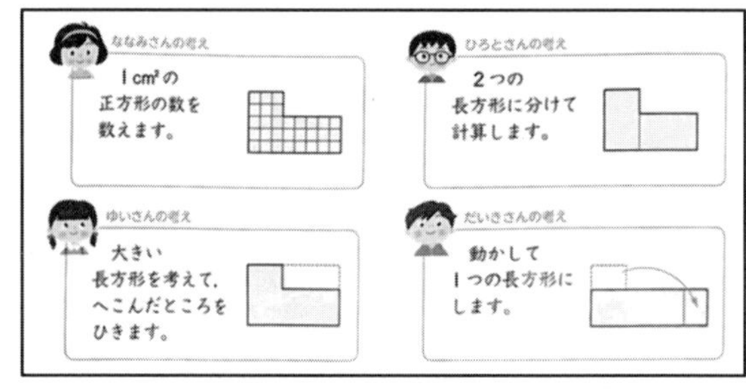

他の時間や他の図形単元を含めてねらっている「中核的な内容」という大きな視点で見てみます。面積の学習は，この場面の前までに「単位面積（1㎠）のいくつ分」という考えで広さを数値化することを学習し，2辺の積（縦×横）で求められることを学習します。この後は，もっと広い面積，さらに5学年では，三角形や平行四辺形，台形等の様々な図形の面積を求める学習をします。このように，複数時間，複数単元で学んでいるねらいを，例えば「**視点を決めて観察し，既習の図形と同じとみる**」ことと設定してみるとどうでしょう。つまり，この場面では，初めて出合うL字形という未知の図形を，すでに面積を求めることができる正方形や長方形が組み合わさってできた図形だと捉え直すことです。

個別的な内容として習得する「縦に分ける」「横に分ける」「全体から引

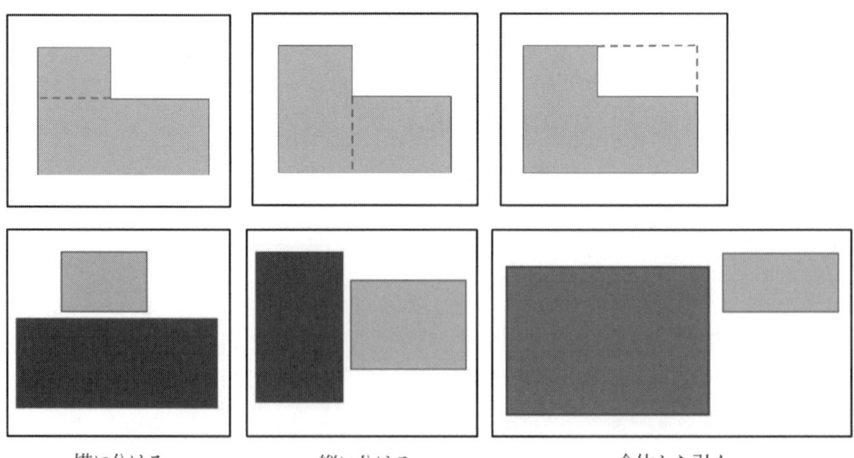

横に分ける　　縦に分ける　　全体から引く

く」等の方法は，長方形や正方形とみることで，すでに面積を求めることができる図形として捉え直しているといえるわけです。これらの方法は，どの方法も2つの長方形の組み合わせと見ることができます。長方形1つの面積は，2辺の長さの積で求められることから，長方形2つを組み合わせてできている複合図形の面積は，2辺＋2辺の4辺の長さがわかれば求められることもわかります。このように別々の方法だと思っていたことが，「どれも同じ」と捉えることができることは本質的といってよいでしょう。

3段階のねらいを整理すると，この場面の学習は，「複合図形の面積の求め方」を学習することを通して，「既習の図形と捉え直すこと」を追究し，「同じとみる」という学び方を学ぶと整理することができます。

「視点を決めて観察し，既習の図形と同じとみる」ことは，これから先の面積の学習でも共通しています。平行四辺形の面積は，長方形と捉え直すことで求められますし，三角形の面積は長方形の半分と捉え直すことで求められます。台形やひし形の面積も長方形や三角形と捉えることで求められます。

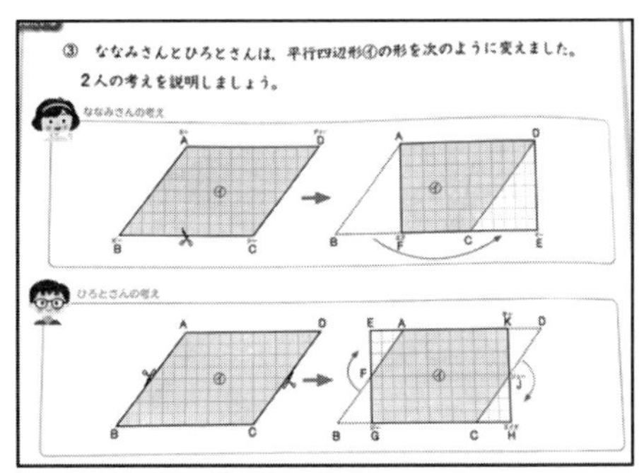

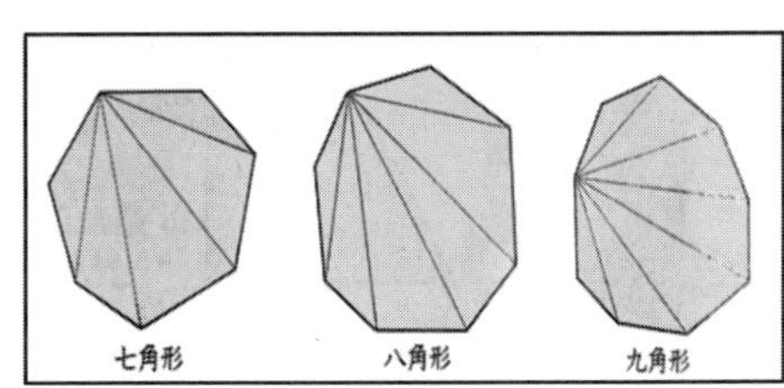

さらに，例えば多角形の内角の和を求める学習では，三角形の内角の和が180度であることがわかれば，「四角形」を「三角形が2つ」と捉え直すことでどんな四角形も内角の和は360度であることが説明できます。五角形も六角形と形を変えていっても同じです。この三角形がいくつか合わさってできていると捉えることで，n角形の内角の和は「180×（n－2)」で求められることの意味を理解することができます。

このように，教師が他単元でも共通している内容を見定めることで，「同じとみる」という学び方を学ばせることができるようになります。

(4) 教師の目的意識の重要性

「3人のレンガ職人」という話があります。

世界中をまわっている旅人が、ある町外れの一本道を歩いていると、一人の男が道の脇で難しい顔をしてレンガを積んでいた。旅人はその男のそばに立ち止まって、「ここでいったい何をしているのですか？」と尋ねた。
「何って、見ればわかるだろう。レンガ積みに決まっているだろ。朝から晩まで、俺はここでレンガを積まなきゃいけないのさ。あんた達にはわからないだろうけど、暑い日も寒い日も、風の強い日も、日がな一日レンガ積みさ。腰は痛くなるし、手はこのとおり」
男は自らのひび割れた汚れた両手を差し出して見せた。
「なんで、こんなことばかりしなければならないのか、まったくついてないね。もっと気楽にやっている奴らがいっぱいいるというのに……」
旅人は、その男に慰めの言葉を残して、歩き続けた。

もう少し歩くと、一生懸命レンガを積んでいる別の男に出会った。先ほどの男のように、辛そうには見えなかった。旅人は尋ねた。
「俺はね、ここで大きな壁を作っているんだよ。これが俺の仕事でね」
「大変ですね」
旅人はいたわりの言葉をかけた。
「なんてことはないよ。この仕事のおかげで俺は家族を養っていけるんだ。ここでは、家族を養っていく仕事を見つけるのが大変なんだ。俺なんて、ここでこうやって仕事があるから家族全員が食べていくことに困らない。大変だなんていっていたら、バチがあたるよ」
旅人は、男に励ましの言葉を残して、歩き続けた。

また、もう少し歩くと、別の男が活き活きと楽しそうにレンガを積んでいるのに出くわした。「ここでいったい何をしているのですか？」と尋ねた。
「ああ、俺達のことかい？　俺たちは、歴史に残る偉大な大聖堂を造っているんだ！」
「大変ですね」
旅人はいたわりの言葉をかけた。
「とんでもない。ここで多くの人が祝福を受け、悲しみを払うんだぜ！素晴らしいだろう！」
旅人は、その男にお礼の言葉を残して、また元気いっぱいに歩き続けた。

3人の男は，レンガを積むという行為は同じでも，目的が大きく異なることがわかります。そして，目的意識の違いが，意欲や成長の違いにつながり，結果的に出来上がるものにも影響していくのです。

授業も似ているところがあると思います。1人目の男のように，目的を持たずにただ時間内の作業のように授業をする教師はさすがにいないと思いますが，2人目の男のように，目の前の目的だけを捉えて授業をしてしまうことはあると思います。例えば，その作業でお金がもらえればいいように，その授業時間だけのねらい，その活動だけのねらいが達成されることをねらいとするような授業です。このような「個別的な内容」をねらいにしていると，その都度，一定の対価は得られますが，それぞれの作業はバラバラです。やはり3人目の男のように，今の授業が未来にどうつながっているのか，「中核的な内容」や「教科の本質」にあたる部分をねらいとして意識していることは，大切なことでしょう。

こうした本質的な目的をもった教師とともに学ぶことによって，子ども自身が算数を本質的に学ぶ学び方を身に付けていけるのだと考えます。指導要領で説明される「見方・考え方」は，算数の本質を意識することと重なる部分が多いと思います。

「数学的な見方・考え方」は，数学的に考える資質・能力を支え，方向付けるものであり，算数の学習が創造的に行われるために欠かせないものである。また，児童一人一人が目的意識をもって問題解決に取り組む際に積極的に働かせていくものである。その意味で「数学的な見方・考え方」は，数学的に考える資質・能力の三つの柱である「知識及び技能」，「思考力，判断力，表現力等」及び「学びに向かう力，人間性等」の全てに対して働かせるものとしている。そして，算数の学習を通じて，「数学的な見方・考え方」が更に豊かで確かなものとなっていくと考えられる。また，「数学的な見方・考え方」は，算数の学習の中で働かせるだけではなく，大人になって生活していくに当たっても重要な働きをするものとなる。算数の学びの中で鍛えられた見方・考え方を働かせながら，世の中の様々な物事を理解し思考し，よりよい社会や自らの人生を創り出していくことが期待される。

学習指導要領解説 算数編 p23

02 算数科はどんな力を育てるのか

算数科の目標について，学習指導要領には次のように示されています。

> **数学的な見方・考え方を働かせ，数学的活動を通して，数学的に考える資質・能力を次のとおり育成することを目指す。**
>
> **(1)数量や図形などについての基礎的・基本的な概念や性質などを理解するとともに，日常の事象を数理的に処理する技能を身に付けるようにする。**
>
> **(2)日常の事象を数理的に捉え，見通しをもち筋道を立てて考察する力，基礎的・基本的な数量や図形の性質などを見いだし統合的・発展的に考察する力，数学的な表現を用いて事象を簡潔・明瞭・的確に表したり目的に応じて柔軟に表したりする力を養う。**
>
> **(3)数学的活動の楽しさや数学のよさに気付き，学習を振り返ってよりよく問題解決しようとする態度，算数で学んだことを生活や学習に活用しようとする態度を養う。**
>
> **学習指導要領解説 算数編 pp21-22**

この説明からわかる通り，目指すのは「資質・能力」の育成です。ところがこの「資質・能力」というものが，ただ教科書を見るだけでは見えてこないという状況があります。おそらく多くの先生が，「今まで指導してきたことと何が違うのか」が見えてこないのだと思います。

(1) 資質・能力

資質・能力は「コンピテンシー＝有能さ」という意味です。資質・能力を基盤とした学力論では，これから出合う様々な問題を自分らしく解決していくために必要な「有能さ」をバランスよく総合的に高めていくことを目指しています。小学校学習指導要領総則の中の改定の基本方針で，資質・能力について次のように説明されています。

②育成を目指す資質・能力の明確化

中央教育審議会答申においては，予測困難な社会の変化に主体的に関わり，感性を豊かに働かせながら，どのような未来を創っていくのか，どのように社会や人生をよりよいものにしていくのかという目的を自ら考え，自らの可能性を発揮し，よりよい社会と幸福な人生の創り手となる力を身に付けられるようにすることが重要であること，こうした力は全く新しい力ということではなく学校教育が長年その育成を目指してきた「生きる力」であることを改めて捉え直し，学校教育がしっかりとその強みを発揮できるようにしていくことが必要とされた。また，汎用的な能力の育成を重視する世界的な潮流を踏まえつつ，知識及び技能と思考力，判断力，表現力等をバランスよく育成してきた我が国の学校教育の蓄積を生かしていくことが重要とされた。

このため「生きる力」をより具体化し，教育課程全体を通して育成を目指す資質・能力を，ア「何を理解しているか，何ができるか（生きて働く「知識・技能」の習得)」，イ「理解していること・できることをどう使うか(未知の状況にも対応できる「思考力・判断力・表現力等」の育成)」，ウ「どのように社会・世界と関わり，よりよい人生を送るか（学びを人生や社会に生かそうとする「学びに向かう力・人間性等」の涵養)」の三つの柱に整理するとともに，各教科等の目標や内容についても，この三つの柱に基づく再整理を図るよう提言がなされた。

学習指導要領解説 総則編 p3（下線は筆者）

注視したいのは改訂された理由であり，下線部のように「子どもがよりよい社会と幸福な人生の創り手となる力を身に付ける」ことです。そのために「生きる力」をより具体化したものが資質・能力であり，これまで「知識・技能」と表現していたものを**より生きて働く**ように，「思考力・判断力・表現力」と表現していたものを，**より未知の状況にも対応できる**ように，「態度」と表現していたものを，**より学びを人生や社会に生かそうとする**ように育成していくことが，これまでとの違いであることがわかります。

(2) より使えるものに育成するという視点

知識や技能をより生きて働くような知識・技能に高めるためには，知識や技能を関連付けて，概念化する必要があります。多くが関連付いて概念化された知識や技能は，多様な文脈や場面で役立つ汎用的なものになるといえるでしょう。

例えば，1年生の「くり上がりのあるたし算」の学習で，「8＋6」の計算の仕方を考えるとします。

この計算方法は様々考えられます。加数の「6」を「2と4」に分けて「8＋2＋4＝10＋4」と計算する加数分解，被加数の「8」を「4と4」に分けて，「4＋4＋6＝4＋10」とする被加数分解，「8」を「3と5」に，「6」を「5と1」に分けて「3＋5＋5＋1＝3＋10＋1」とする五二進法などです。それぞれの方法を理解しているだけでは，単独で記憶されている状態です。

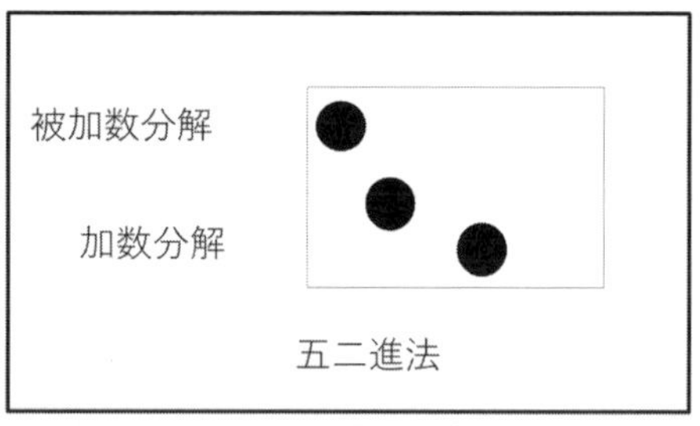

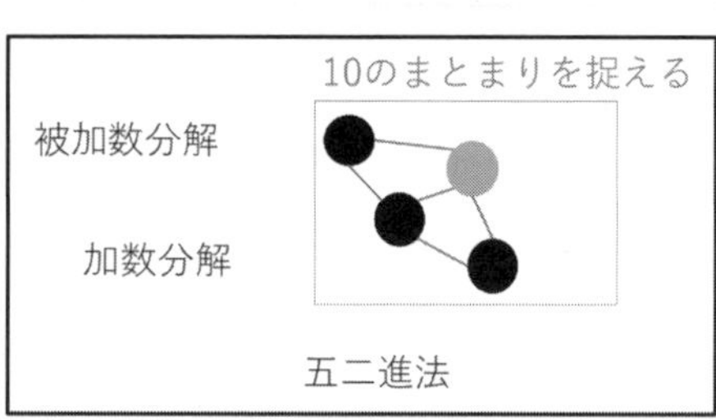

このとき，「10をつくる」という方法がどの方法ともつながっているものだと認識されると，バラバラだと思っていた方法が関係付き，まとまりのある知識になります。このような関係付けが起こると，「10のまとまりをつくるのであれば，『5と5』でなくても『6と4』で『2＋6＋4＋2』や『7と3』で『1＋7＋3＋3』でも10ができるよ」「『8と2』を集めれば，『0＋8＋2＋4』だよね。それは，さっきの『6』を分ける方法と同じだね」と，「10をつくる」という方法を中心にして，新たな方法を考えたり，これまでの方法を別の方法とつなげ

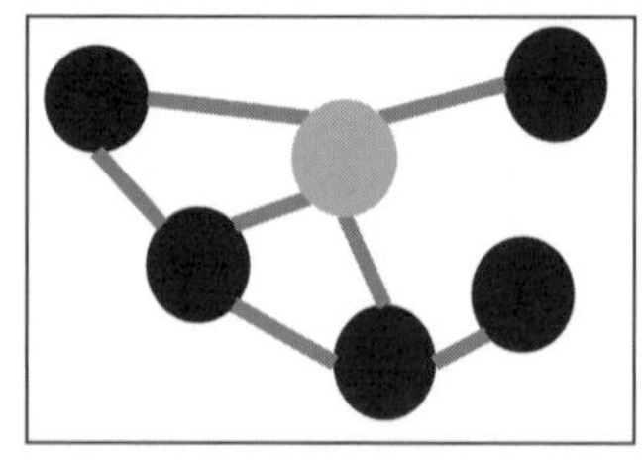

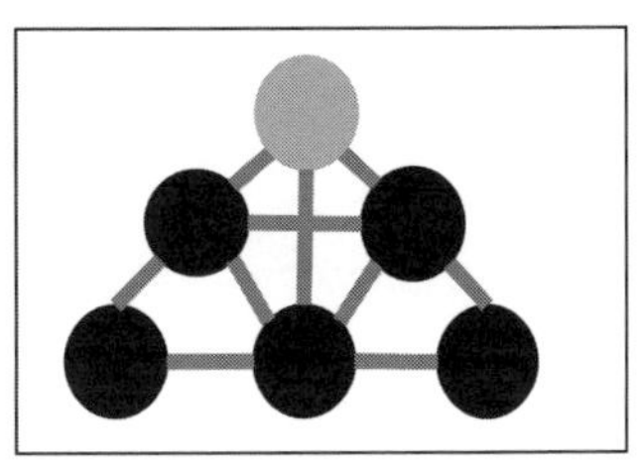

たりします。こうして知識や技能が関係付いてまとまりとなり，概念化されます。

このような関係付けは，ある内容を中心にして起こりやすいものです。私はこのように中心に位置付く内容を，前述した「中核的な内容」に設定することが有効だと考えます。10のまとまりを捉えることは，「くり上がりのあるたし算」の学習だけでなく，他の学習でも生かされる重要な内容だからです。そして，内容を構造化することで，10進法と位取りの原理を理解することにつながり、汎用的な知識・技能になります。

このように，単独で棒暗記のように記憶されている知識・技能が，関係付き，構造化されていくことが，生きて働く知識・技能として習得されていきます。そして，その過程で，関係付けの理由を考えたり説明したりすることで「思考力・判断力・表現力等」が育成されます。さらに，考えや説明を振り返ったり，新たに考える必要のある問題を見いだしたりして，追究する経験を重ねることで，よりよく学んでいこうとする態度が涵養されます。

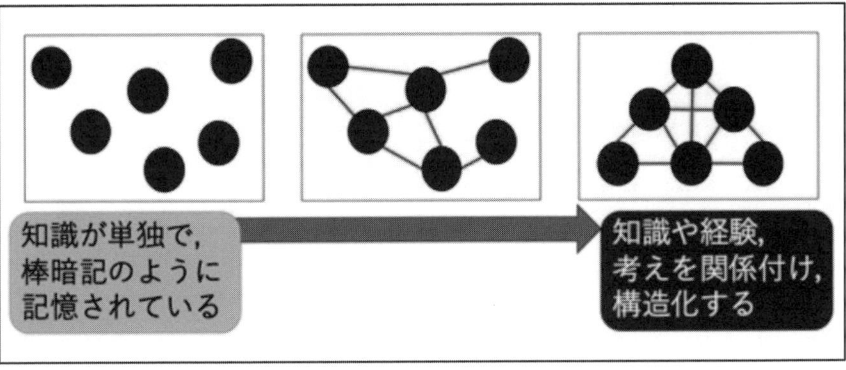

参考：髙橋純編著『教育方法とカリキュラム・マネジメント』学文社（2019）p21

大切なことは，目の前の子どもが自分で関係付けたり構造化したりする過程を大切にすることです。結果として構造化された知識を習得させることを重視して，教師がその構造をわかりやすく説明したり教えたりしてしまっては本末転倒だということです。

03 子どもはどのように学ぶのか

これまで述べてきたように,「算数科の本質」といえる学び方や,「中核的な内容」を大切にして授業をしようと考えると,教師はそれを効率的に,時間をかけずに指導しようと考えたくなります。もしかしたら「これが一番大切なことです。覚えておきましょう」などと直接的に伝えたくなるかもしれません。しかし,それでは子どもに身に付きません。もしそのように直接教えて身に付くような内容であったら,それほど重要な内容ではないのかもしれません。学習の過程に表れる子どもの「学び方」は,教師にも子ども自身にも見えにくく,指導しにくい内容です。

(1) 子どもはその子らしく学ぶ

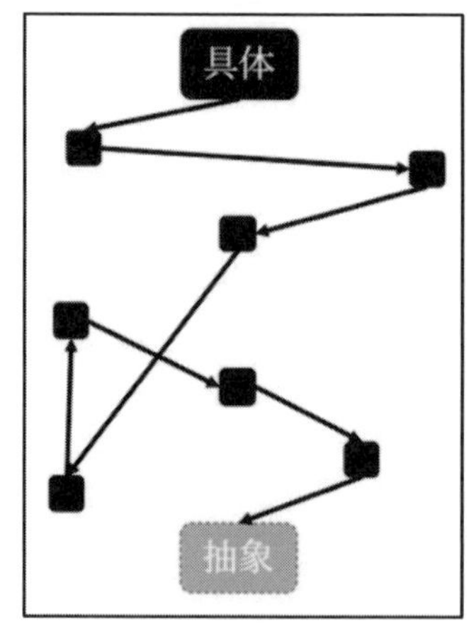

子どもは未知の問題に出合ったとき,試行錯誤するものです。試しては立ち止まり,ときに失敗に気付いて考え方を大きく変えることもあるでしょう。解決に近づいたと思ったら,また戻り,やり直してみることもあるでしょう。このように様々な紆余曲折を経て,徐々に目指す目的に向けて歩みを進めていくのです。

この歩みはもちろん時間がかかるものです。そして,この過程にこそ,算数の授業で私たちが育てたいと願っている力が子どもから引き出されるのです。

またこの思考の道筋は,子どもによって違います。その子どもがこれまでの経験や習得している知識,身に付けている学び方によって,様々な道筋を辿るのです。最短ルートで目指す目的に向かう子どももいれば,行きつ戻りつするルートで目的に向かう子どももいます。また同じルートでも

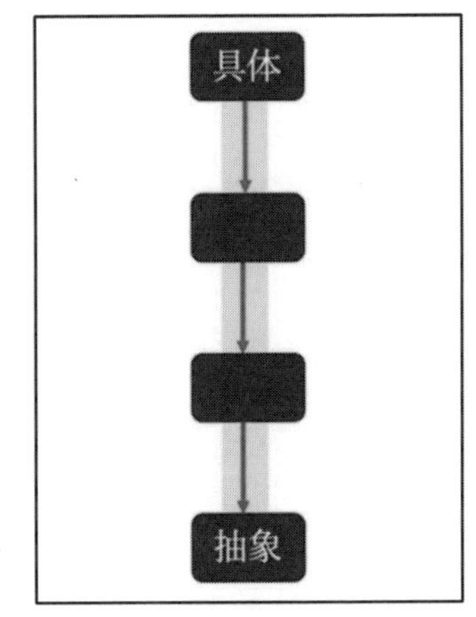

進み方がゆっくりな子どももいれば，速い子どももいます。

一方，教師は子どもとは異なる道筋を構想しがちです。子どもは授業で初めて問題と出合う（先行的に知識を有している子どももいるが）のに対して，教師はその問題解決をすでに経験しています。そして，最短ルートも見えています。そうすると，一見この無駄のない道筋が，子どもにとってもわかりやすいものだと考えてしまいます。

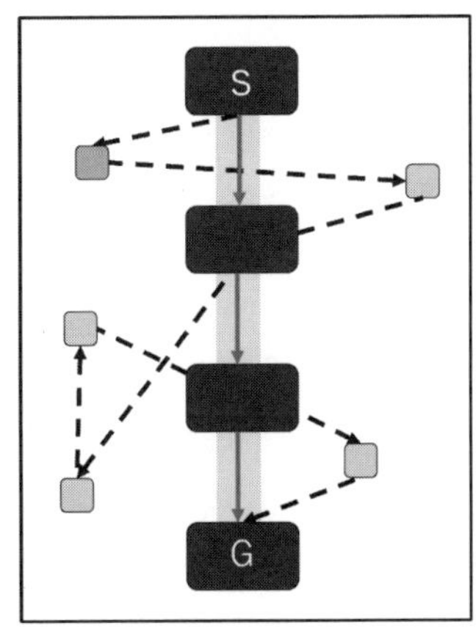

本書のテーマである教科書も，実はこの最短ルートが載せられています。というより最短ルートを載せざるを得ないのです。限られた情報しか載せられない教科書に，子どもの多様な思考の道筋までは載せきれません。特に，失敗ややり直しなどは，解釈を読者に委ねられる教科書にはなかなか載せにくい情報になります。

平野（1994）は，学ぶ者と学んだ者の論理の違いを指摘し，個々の学ぶ者の論理の展開を保障する工夫の必要性を述べています。教師が教科書に載っている考えしか授業で扱っていなかったら，本来試行錯誤の過程で出てくるはずのその子らしい追究の道筋を，無視してしまっているかもしれません。わかりやすくしているつもりの授業の構想が，子どもからすると，追究の道筋からは離れた，わかりにくいものになってしまっているかもしれないのです。

集団で学ぶ教室での授業において，全ての子どもの追究の道筋に応えることは難しいことです。それでも，子どもはその子らしく多様に学んでいること，教師の構想が子ども本来の追究の道筋とは異なっているかもしれないことを知っておくことは，子どもの学び方を育てるときに，重要なことなのです。

(2) 子どもが決めた目的

その子らしい追究については，学習指導要領でも大切にされています。先述した通り，算数科の目標には「数学的活動を通して」という表現があります。読み替えると，数学的活動を通さない授業では資質・能力の育成はできないということです。

数学的活動とはどういうものでしょう。

> ②「数学的活動を通して」について
>
> **数学的活動とは，事象を数理的に捉えて，算数の問題を見いだし，問題を自立的，協働的に解決する過程を遂行することである。数学的活動においては，単に問題を解決することのみならず，問題解決の過程や結果を振り返って，得られた結果を捉え直したり，新たな問題を見いだしたりして，統合的・発展的に考察を進めていくことが大切である。この活動の様々な局面で，数学的な見方・考え方が働き，その過程を通して数学的に考える資質・能力の育成を図ることができる。**
>
> **これは，「児童が目的意識をもって主体的に取り組む算数に関わりのある様々な活動」であるとする従来の意味を，問題発見や問題解決の過程に位置付けてより明確にしたものである。**
>
> 学習指導要領解説 算数編 p23（下線は筆者）

「自立的，協働的に解決する過程を遂行すること」「問題発見や問題解決の過程に位置付けてより明確にしたもの」という説明は，子どものその子らしい道筋を大切にすることと重なることだと考えます。

教師も子どもも，算数は正しい解決に価値があるように捉えがちです。「数学的活動」を通すことは，正しいかどうかではなく，まずは子どもが自ら目的をもって，算数に関わりのある活動に取り組むことの重要性を述べています。間違っているものや解決に必要のないことまで考えている子どもの追究は，時間がかかり一見無駄な活動に見えてしまうこともあります。しかし，子どもが自分で追究の方向を決定し，自分で試行錯誤する過程こそ，子どもに経験させたい「学び方」です。

そのためにも教師がねらいを大きくもつことが大切です。ねらいが小さく細かいと，子どもに達成させなければならないことが増えます。それは，子どもが追究する道筋の中に，必ず通らなければいけない通過点をたくさん設定するようなことです。例えば，L 字の面積の求め方について，教科書に載っている四つの方法を全て順番に理解させなければいけないと考えると，それぞれの方法について丁寧に確認する必要が出てきます。子どもから出てこないときは，教師から出して説明しなければなりません。それ以外の方法を認めることができなくなるかもしれません。決まった通過点の数が増えれば，道筋の選択肢は減っていきます。つまり，教師が設定した通過点を通るように導かれる授業になってしまうのです。

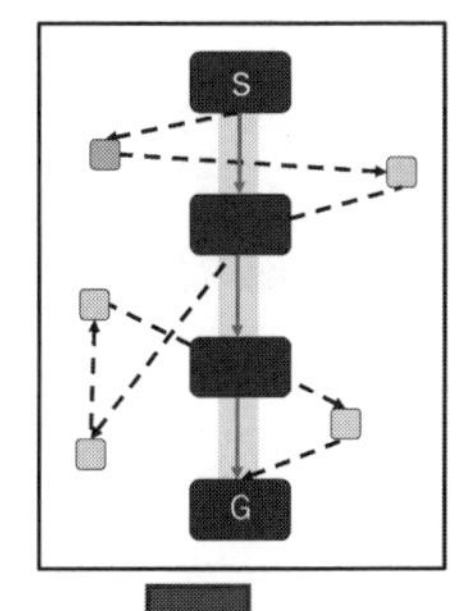

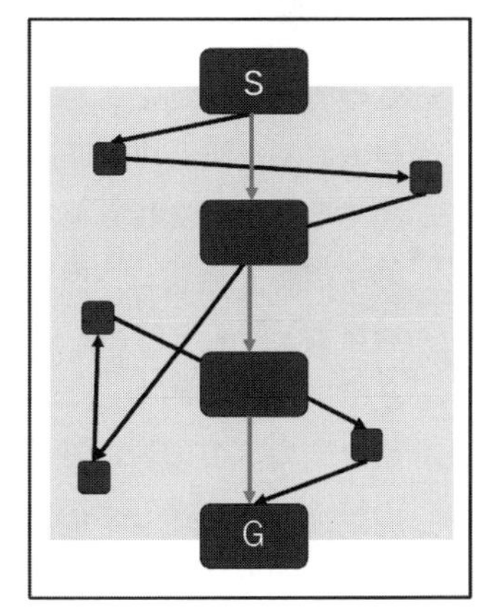

そこでねらいを大きく，より大事なものに絞って設定することとします。例えば，中核的な内容と呼べる「既習の図形と捉え直すこと」のように設定します。すると，子ども一人一人のその子らしい追究を認めることができるようになります。例えば，少ない方法で中核的な内容に気付く子どもがいるかもしれません。教科書に載っていない方法で既習の図形と捉え直す子どももいるかもしれません。ねらいを大きくより大事なものに絞って設定することで，今まで見えなかった価値ある子どもの追究に光を当てることができるようになります。

改めて確認したいのは，育てたい力は子どもの中にすでにあると捉えることです。誰かが教えなければ育たないという捉えでは，子どもが目的意識をもって取り組む活動に価値を見いだすことはできません。数学的活動の充実は，子どもを見る教師の構えによって，大きく変わってしまうのです。

04 個別最適な学びと協働的な学び

(1) 個別最適な学び

「個別最適な学び」については，中央教育審議会（2021）『「令和の日本型学校教育」の構築を目指して』の中で次のように説明されています。

> ○基礎的・基本的な知識・技能等を確実に習得させ，思考力・判断力・表現力等や，自ら学習を調整しながら粘り強く学習に取り組む態度等を育成するため，支援が必要な子供により重点的な指導を行うことなど効果的な指導を実現し，特性や学習指導等に応じ，指導方法・教材等の柔軟な提供・設定を行うことなどの「指導の個別化」が必要である。
>
> ○基礎的・基本的な知識・技能等や言語能力，情報活用能力，問題発見・解決能力等の学習の基盤となる資質・能力等を土台として，幼児期からの様々な場を通じての体験活動から得た子供の興味・関心・キャリア形成の方向性等に応じ，探究において課題の設定，情報の収集，整理・分析，まとめ・表現を行う等，教師が子供一人一人に応じた学習活動や学習課題に取り組む機会を提供することで，子供自身が学習が最適となるよう調整する「学習の個性化」も必要である。
>
> ○以上の「指導の個別化」と「学習の個性化」を教師視点から整理した概念が「個に応じた指導」であり，この「個に応じた指導」を学習者視点から整理した概念が「個別最適な学び」である。
>
> 中央教育審議会『「令和の日本型学校教育」の構築を目指して』(2021) pp17-18

学習者の視点から読み取ると“学習者が自ら調整”するというところが共通しているところです。そして，子ども自身が自らの学びを調整していくようにするには，教師がこれまで以上に子どもの成長やつまずき，悩みなどの理解に努め，ここの興味・関心・意欲等を踏まえてきめ細かく指導・支援することや，子どもが自ら学習の状況を把握し，主体的に学習を調整することができるよう促していくこと求められています。

(2) 学びの過程に目を向ける

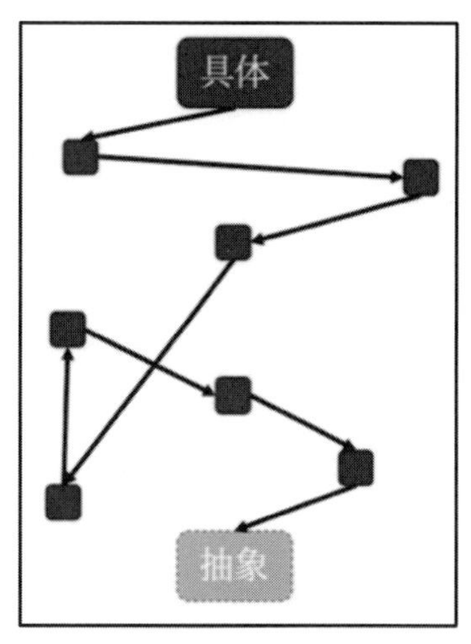

これは先に述べたように，子どもの紆余曲折を含む試行錯誤を，教師が一層理解するよう努めることと重なります。そして，子どもの試行錯誤は一人一人異なり，多様であることを理解することです。学級に30人の子どもがいれば30通りの試行錯誤の道があり，各々の道の途中で，右往左往したり行きつ戻りつしたりしながら歩みを進めているということです。その全てを細かく理解することは難しいことです。でも，一人一人が異なる試行錯誤をしていることを意識している教師と意識していない教師とでは，子どもの理解の仕方が変わり，指導や支援が変わります。

さらには，教師が理解するだけでなく，子どもが自ら学習の状況を把握することが重要です。子どもは意外と自分の状況を把握できていません。例えば，問題解決が進まない子どもに「今何を考えようとしているの？」と問うても，答えられない子どもがいます。「自分が何に困っているのか」「まず何を考えようとしているのか」「何のためにそれをしようとしているのか」等，自分の状況に意識を向けていないのです。また，一通りの問題解決を終えた子どもに，「どうしてここでやり方を変えようと思ったの」「どうしてここでやり直そうと思ったの」と試行錯誤場面を問うと，自分のその時の状況を説明できない子どもは，少なくありません。

子どもが問題の正解を出すこと以上に，自分の学び方を見つめ，自分に必要な学び方を決めていくということができるようにしていくことが大切です。自らの学びを調整するには，“己を知りて一歩目”です。

(3) 自分の学習行為を，自分で表現できるように

このためには，見えにくい思考過程を見えるようにすることが大切です。説明できない原因は，自分の学び方が見えていないからです。

まずは，頭の中で考えていることを，物理的に見えるように表現する機会を増やすことが重要でしょう。視覚で捉えられるようになることで，その考えを説明したり，吟味したりすることができるようになります。

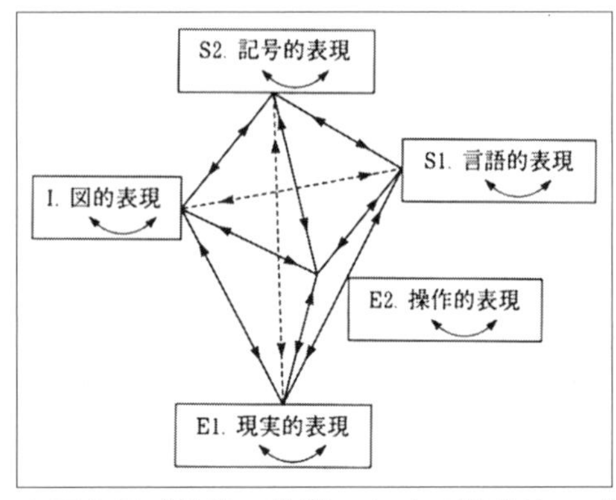

中原忠男『算数・数学における構成的アプローチの研究』聖文社（1995）p202

中原（1995）は，算数・数学の学習で用いられる視覚を媒介とした重要な表現様式として，現実的表現，操作的表現，図的表現，言語的表現，記号的表現の五つを指摘しています。そして，五つの表現様式を，E→I→Sの認知発達の順序性と相互変換性とに着目し，「数学教育における表現体系」として提唱しています（上図）。下から上へがE→I→Sの抽象性・記号性の順序を示しています。

算数の授業は，問題場面を提示するとすぐに「式はどうなるでしょう」と問いがちです。式は，「記号的表現」であり，抽象性が高い表現様式です。この表現を急ぎすぎると，子どもは自分の思考や判断を表現することが難しくなります。まずは，実物を使って場面を再現してみたり，半具体物を使って操作したりしながら思考過程を動的に表現できることを確認します。その上で，静的な図の表現に置き換えていきます。動から静へ表現が置き換わることで抽象度が上がります。図的表現を十分に経験した子どもが記号的表現へ置き換えることができると考えるとよいでしょう。目の前の子どもがどの表現様式の変換に課題があるのかを見とり，実体に応じてその表現様式を配慮する必要があるでしょう。

表現を考えるときに大切なことは，自分の考えや判断の過程を視覚で捉えることができるように表現することです。紆余曲折や行きつ戻りつも含めた思考過程です。教師の想定を表現させることを急ぐがあまり，子どもが自分の学習行為より教師の意図を優先して表現してしまっては，表現の価値が失われてしまいます。

子どもに表現を求めたのならば，その表現を尊重し生かしながら授業を展開することが肝要です。教師があらかじめ想定していた考えや表現に引き寄せたり押し付けたりする展開では，子どもは教師が求めている表現を忖度するようになってしまいます。

石井（2020）は学習者，教材，教師の関係構造について次のように述べています。

> **授業は，教師の助成的介入の下で子どもたちが教材と対話する。知の共同的な追究・創造過程となります。そして，子どもたちは知の追究・創造者，いわば研究者として，また教師は，先輩研究者として，彼らと教材との対話を側面から支援する「促進者（facilitator）」と定義されます。さらに，教材は，疑うことなく受容するものではなく，子どもと教師がともに対話する対象世界として，知を共同的に生み出す源泉として位置づけられることになります。こうして，教師と教科書を中心とする教室の権力関係を編み直し，教室の規範や文化（ホンネの世界観）が問い直されることで，子どもたちが主体的に深く思考することを促す，学習の深さに価値を置く「思考する文化」が形成されていくのです。**
>
> **石井英真『授業づくりの深め方』ミネルヴァ書房（2020）pp.174-175**

子どもの素直な表現は教師や仲間との対話で生まれるのではなく，対象世界との対話から生まれます。そして，同じ対象世界を共有しているという点で，教師と子どもは対等です。教師と子ども，子どもと子どもが対象を介して素直な表現をやり取りする中で，違った解釈や思わぬ発見が生まれ，自分の表現を見直し，学びを深めていく。こうしたやり取りが，協働的な学びといえるものでしょう。

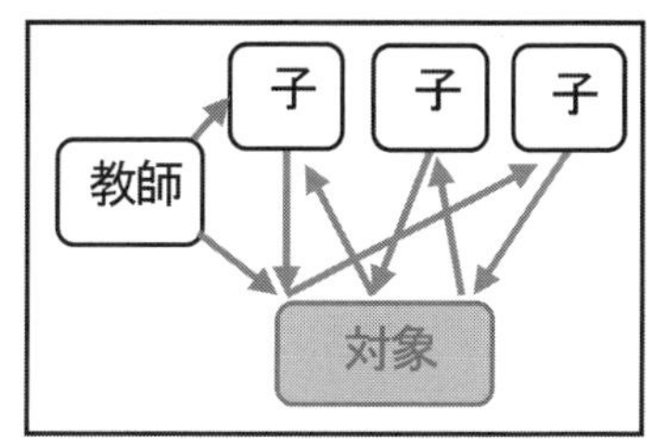

05 単元指導計画のアイディア

(1) ねらいは少なく大きく

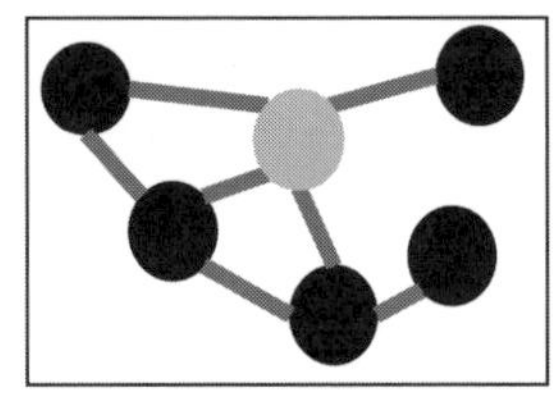

単元は，ある教育目的のために学習内容をひとまとめにしたものです。学習内容がまとまりを成すとき，図のようにそれぞれの内容がつながります。つながりをつくるとき，一つ一つが全てつながるわけではありません。扇の要のように，それぞれの内容をつないでいる中核的な内容があります。教科書を1ページ1ページ見ていくと，指導しなければいけない内容が多くあるようにみえます。これらの小さなねらいを単元の中でたくさん設定してしまうと，教師が全て連れていくような授業になってしまいます。単元の学習内容が最終的にどのようなまとまりを成すのか，そしてその扇の要となる中核的な内容は何か見定める必要があります。

中核的な内容は，その単元だけを見ていてもなかなか見えてきません。そこで，指導する単元だけでなく，その前後の単元（他学年も含めて）の内容を合わせて見るとよいでしょう。複数の単元で核となっている内容であれば，間違いなく重要な内容といえるでしょう。

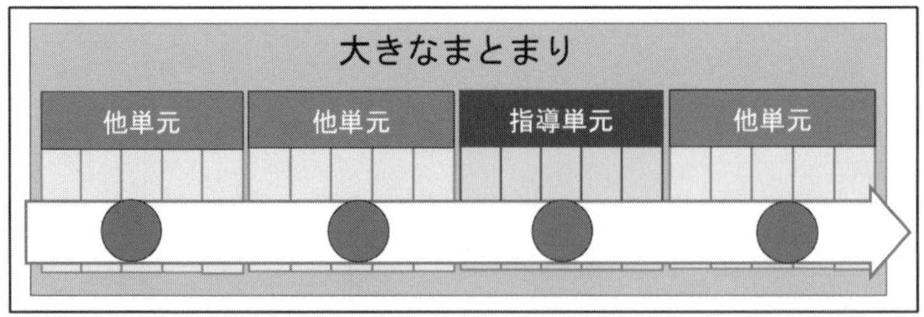

参考：新潟大学附属新潟小学校初等教育研究会（2021）研究紀要

様々な学年を指導した経験がないとなかなか見えないかもしれません。設定しても，実際に指導しているうちに変わるかもしれません。それでよいと思います。まずは，複数時間，複数単元を貫いて，繰り返し指導している内容があるという視点をもって，教材研究にあたることが大切でしょう。

坪田（2014）は「『基本』については，高い塔を建てるとき，下から上まで貫き通す芯になるような柱を考えてみることができる。算数の場合は，1年生から6年生までを一貫している『考え方』と言ってよい」と述べ，学習内容に一貫して流れる柱となる考え方を，「各領域を貫く基本の考え方」として，次のように整理しています。

> 【数と計算】の領域……十進位取り記数法の原理
> 【量と測定】の領域……単位を決めて，そのいくつ分かで数量化する
> 【図形】の領域　　……概念の形成過程を体験すること
> 【数量関係】の領域……きまり発見
> 坪田耕三『算数科 授業づくりの基礎・基本』東洋館出版社（2014）pp.7-8

現行の学習指導要領は領域が少し変わっていますが，参考になると思います。例えば，数と計算の領域では，数は10になったら次の位へと繰り上がることや，位ごとに分けて計算し，後でその答えをたすということは，どのような数と計算の学習にも共通していることです。例えば，図形の領域では，正三角形とそうでない三角形を「比較」し，共通点を「抜き出す」ことで，共通していないことを捨て，「全ての辺の長さが等しい」「全ての角の大きさが等しい」ということが残っていきます。このような概念の形成過程を複数の単元で繰り返しながら，いろいろな図形について知っていくのです。

どの学年，どのような対象になっても，貫いて大切にされるべき内容を授業者が意識していれば，授業が大きくずれることはないはずです。もしかしたら，算数はそれぞれの学年で学習する対象を通して，その側面からいくつかの中核的な内容を繰り返し学習しているとみることもできるかもしれません。

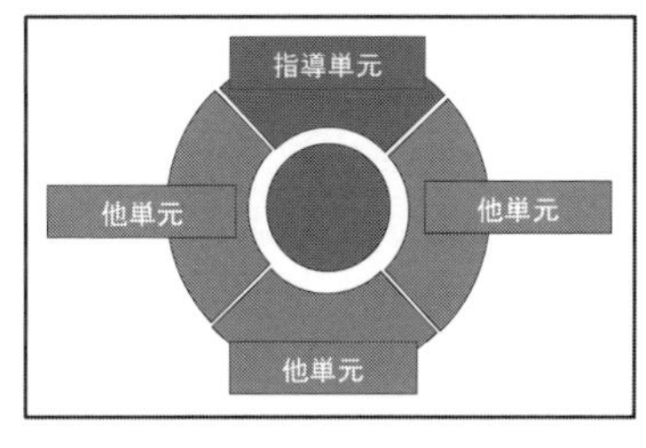

(2) 収束場面と拡散場面を意識する

中核的な内容を設定すると，各時間の授業場面は大きく「中核的な内容に向けて収束する場面」と「中核的な内容を基に拡散する場面」とに分けることができます。

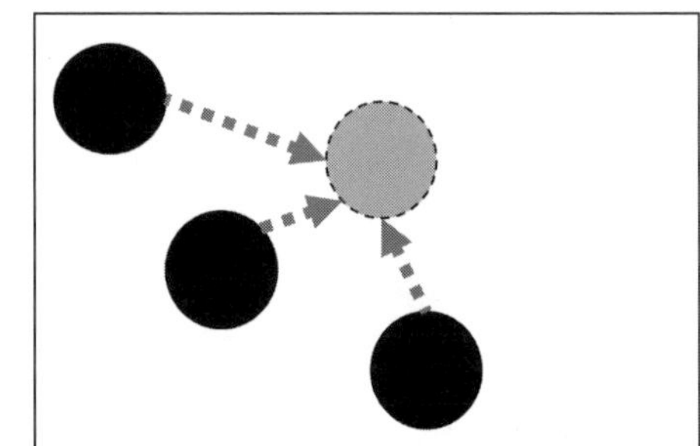

「中核的な内容に向けて収束する場面」は，複数の対象から，「つまりこれが大切なことだね」と中核的な内容を明らかにしていく場面です。

3年生の「図形」の学習を例にすれば，複数の正三角形を集めて，「つまり辺の長さに注目すれば，全て等しいってことだね」と，中核的な内容を明らかにする学習場面です。この場面は，複数の別々の対象が，同じとみえるようになることをねらいます。

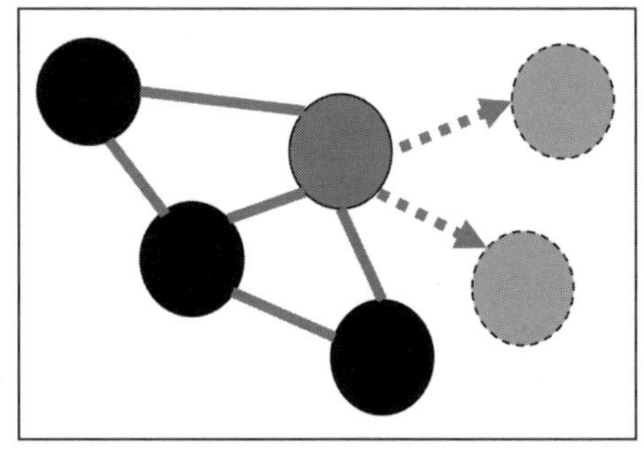

一方で「中核的な内容を基に拡散する場面」は，中核的な内容を基に「だったら，他のあれやこれも考えてみたい」新たな対象を見いだしていく場面です。3年生の「図形」の学習を例にすれば，「だったら，辺の長さが2つだけ等しい三角形は……」「辺の長さがバラバラだったら……」と，辺の長さを観点に様々な対象を考えていこうとする場面です。

この場面は，中核的な内容を基にしながら，さらに新しい対象について明らかにしていこうとすることをねらいとしています。

全ての学習場面が，このように収束場面と拡散場面にきっちり分けられるわけではありません。先の塔を例にすれば，建てたい塔の形や大きさなど様々なことを考えていくと，そのために必要な軸となる柱が明らかになります（収束場面）。そして，軸となる柱が決まると，さらに工夫できることが明らかになり建てることができる塔の幅が広がっていきます（拡散場面）。柱となる中核的な内容も，柱に付随する形や大きさなどの内容も，どちらも塔を建てるために大切な内容であり，お互いを往還することで全体の構造を明らかにしていくことができます。

単元の計画を構想するときには，少し大きな目でみて，その1時間が収束傾向の場面か拡散傾向の場面かと捉えるとよいと思います。そして，収束場面では，学習集団全員で限定した対象を見つめながら学習することを意識し，拡散場面ではある程度学習者が自由に見つめる対象を決めながら学習することを意識するとよいと思います。私は，収束場面は3割くらい，拡散場面は7割くらいのイメージで単元を構想するようにしています。収束場面の割合が多くなるように構想してしまうと，どうしても教師が子どもを引っ張る時間が増えてしまう反省があるからです。

3年生の「三角形と角」の学習単元を例に考えてみましょう。

時	ね　ら　い
1	・いろいろな長さのストローを組み合わせて，いろいろな三角形を作る。 ・辺の長さの違いに着目し，三角形を分類する方法を考える。
2	二等辺三角形や正三角形の定義や性質の理解を深める。
3	辺の長さが指定された二等辺三角形を，コンパスを使ってかく。
4	正三角形も二等辺三角形と同じ方法でかけることを知り，かく。
5	円の中にかいた三角形が二等辺三角形であることを説明する。
6	二等辺三角形や正三角形を折り紙で作ったり，作図をしたりする。
7	三角定規の角について，その意味，構成要素の「頂点」「辺」「角の大きさ」を理解する。
8	三角形の3つの角を紙に写し取って角の大きさを比べ，二等辺三角形や正三角形の特徴を調べる。
9	同じ大きさの二等辺三角形や正三角形を敷き詰めて，いろいろな模様を作る。
10	二等辺三角形と正三角形の関係について理解する。
11	・既習事項の確かめをする。 ・既習事項の理解を深める。

学校図書算数 年間指導計画作成資料 3年 ※ねらいのみ抜粋

この指導計画を見ると，1時間目の「辺の長さの違いに着目し，三角形を分類する方法を考える」や，8時間目の「角の大きさを比べ，二等辺三角形や正三角形の特徴を調べる」は，「辺」や「角」という構成要素を観点にして共通することに収束していく場面と考えます。また，10時間目のように二等辺三角形と正三角形の関係を調べ，これまで別々のものと捉えていた図形を同じとみるような学習場面も収束する場面と考えます。他の時間は，そのようにして見いだした観点を基に拡散させていく場面であると考えます。

1，8，10時間目は，限定した対象をみんなで見つめ，多様な視点や価値を出し合いながら，深めていくような展開を意識します。

それ以外の時間は，なるべく子どもの自由度を上げて，様々な対象に働き掛けながら自分に適切な学習を選択していけるような展開を意識します。

(3) パフォーマンス評価

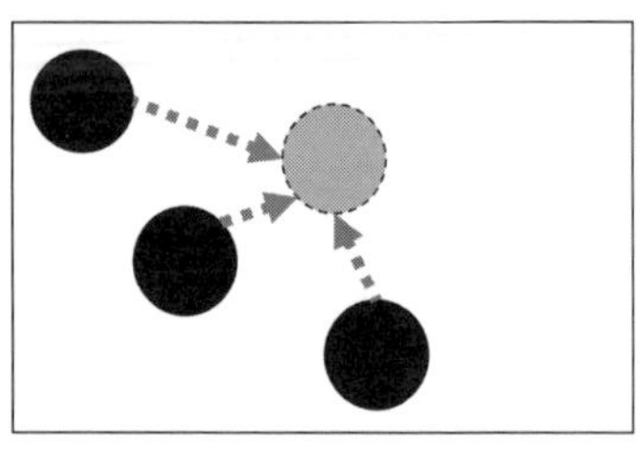

少なく大きなねらいを定めたら，それをどのように評価するのかも併せて考えておく必要があります。

算数においては学習の結果として獲得する知識（図の●部分）だけでなく，中核的な内容を見いだして知識をつなげたり，中核的な内容を基に新たな知識を創造したりする考え方（図の┄┄→部分）も併せて評価できるようにすることが大切です。

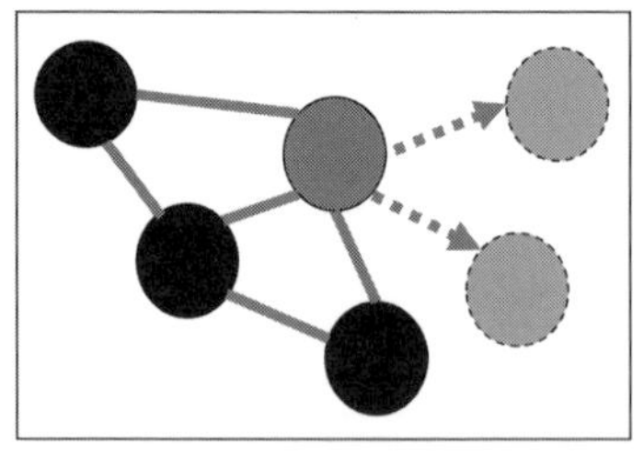

中核的な内容の周辺に位置付く個別的な内容の一つ一つは筆記や実技テストで評価することができます。例えば，提示された三角形が正三角形か二等辺三角形か判断したり，正しく作図したりするような課題はテストで評価することができます。

しかし，中核的な内容のように複数単元を貫く重要な概念やそれを関係付けてまとまりと成す複雑なプロセスを伴う内容は，筆記や実技テストでは評価が難しくなります。例えば，正三角形と二等辺三角形の関係を説明するような高次の学力を評価するためには，パフォーマンス評価が必要です。

> テストをはじめとする従来型の評価方法では，評価の方法とタイミングを固定して，そこから捉えられるもののみ評価してきました。これに対してパフォーマンス評価は，課題，プロセス，ポートフォリオ等における表現を手がかりに，子どもが実力を発揮している場面に評価のタイミングや方法を合わせるものと言えます。深く豊かに思考する活動を生み出しつつ，その思考のプロセスや成果を表現する機会を盛り込み，思考の表現を質的エビデンスとして評価していくのがパフォーマンス評価です（授業や学習に埋め込まれた評価）。
> 西岡加名恵・石井英真『見方・考え方を育てるパフォーマンス評価』明治図書（2018）pp.14-15

「単元末にテストをする」という考え方から「日々の学習活動のプロセスを，形成的に評価する」ことへと意識を変えていく必要があります。これまで述べてきたように，ますます学習過程を表現する機会が重視されるとともに，子どもが自分の学習行為を素直に表現できるような教師の環境づくりが重要になります。

さらに，このような評価は毎時間行わなければならないということではありません。むしろ，毎回評価されていると子どもが感じてしまうと，自分の学び方ではなく教師の意図を忖度したり友達と同調しようとしたりしてしまう可能性もあります。子どもの実力を見るためには，子どもが対象世界に没入し深く豊かに思考する文脈をつくることが前提となります。その文脈の中で引き出されている力を，子ども自身の表現を手がかりに評価するのがパフォーマンス評価です。

スポーツでいえば，練習したことができるか，わかっているかを部分的にテスト等で評価するのではなく，試合や実践の中でどれだけ使えるようになっているかを評価するものです。

単元の中に，その教科の試合や実践にあたる学びの文脈をどこに位置付けるのかを構想し，子どもが学びに没入している場面に合わせて評価を考えていくことが教師に求められます。

第4章 ICTの活用

01 子どもの参画を促す

「声なきものに声を与え，政治に参画を促す」

これは台湾のデジタル担当大臣，オードリー・タンの言葉です。これまで政治に参画できなかった国民の声を聞き届ける道具としてICTを活用し，どんなに小さな声にでも耳を傾けるという改革を進めたそうです。

これは授業においても同じことでしょう。

ICTが入ることで，これまで授業に参画しにくかった，参画できなかった子どもに声を与え，授業に参画を促すことができると考えられます。

例えば朝の健康観察を思い浮かべてください。毎日の子どもの健康状態を把握する大切な時間です。担任であれば，学級の子どもの身体的なことだけでなく心理的な健康状態や小さな変化を察知したいと考えると思います。

私の場合は，一人一人名前を呼び，返事の声を聞いたり返事をしている子どもを見つめたりして状態を把握しようと努めてきました。変化を感じた時は，その場で，または後で個人的に声を掛けて，詳細を把握していました。教師としての職人芸といえばそうかもしれません。でもこの芸にはやはり限界があります。

1人1台端末が導入されてから，私はアンケート機能を使って，子どもたちに健康状態を入力させるように変えました。もちろん入力した情報は私しか見ることができません。

毎日の基本の質問は三つです。

①今日は元気ですか？（単一選択）
　1　とても元気です　2　元気です　3　あまり元気ではありません
②身体や気持ちのことで，いつもと違うこと，不安や気になっていることがあったら教えてね。（自由記述）

③持ち物はそろっていますか？（複数選択）
　・ハンカチ　・ティッシュ　など必要な持ち物を項目にする

時期によって，④の項目を付け足したりします。例えば，
○（節分の日に）あなたの追い出したいおには？「〜〜おに」
○（夏休み前に）夏休みまであと1週間。学校でやり残したことは？
○（なんでもない日に）人に言う必要のないくらい小さな悩みを1つ。等

質問①や②で，不調を訴えたり，いつもと違うことを書いていたりする子どもを把握することができます。これまでのように返事や表情だけでは気付けなかった子どももたくさんいます。ICTの活用によって，これまで声を出せなかった子どもに声を与えることができたのです。はっきりと書いていなくても，何か変化を起こしている子どもは，私に気付いてほしいことがあると受け止めて声を掛けます。声を掛けて何でもなければ安心ですし，何かあれば把握することができます。子どもからすると，先生が自分だけに声を掛けてくれるわけですから，嬉しくないことはありません。初めは，「急に声を掛けられたから怒られるかと思った」など，教師から声を掛けられるときは指導されるときだと刷り込まれている子どももいます。ほぐしていってあげたいですね。

④の質問は，子どもとおしゃべりするネタに使います。担任と子どもも共有しているきっかけがあると，おしゃべりのハードルが下がります。ましてや，その子どもと担任だけが知っている，いわゆる秘密の情報なわけですから，子どもも特別感があります。教師からすると，多様な情報を知ることで，一人一人の児童理解につながります。

02 子どもには使い方ではなく目的を

健康観察でのICT活用の目的は，子どもの健康状態をよりよく把握することでした。それが，子どもが生きる力を育てる教育として大切だからです。ICTを使うことが目的ではありません。

授業においても同じです。ICTを使うことが主目的ではなく，よりよく学ぶことが主目的である必要があります。

(1) Education first, technology second

白水（2020）は，学習者が主体となる学びを実現するために，学びの原理に基づく学習環境や授業構想の必要性を述べています。当たり前ですが，授業の主目的は一人一人が主体となる学びに置き，必要に応じてテクノロジーを用いると考えるとよいでしょう。逆をいえば，学びの原理に合わないときは，テクノロジーを用いないという判断は当然あるわけです。1人1台端末が導入され，「端末を使わないといけない」という気持ちが優先されてしまっては，子どもが学びにくい環境をつくっている可能性があるかもしれません。

しかし，この時，気を付けなければいけないのは，教師がこの判断をしすぎないということでしょう。「この学習にはICTを使わせない方がいい」「この場面ではICTを使わせるべき」と教師が決めつけてしまうのは危険です。子どもからすると，教師から言われたときにICTを活用する，教師から止められたらICTを活用しない，となり，結局ICTを使うことが目的になってしまうのです。

子どもの中に追究したいこと，達成したいことなどの学ぶ目的が強くあり，その目的に向かうためにICT を活用した方がよいかを子ども自身が判断することが大切でしょう。つまり，「Education first, technology second」という言葉を教師だけが意識するのではなく，子ども自身が意識できるようにすることを，ICT活用を考えるときの軸に据えたいと考えます。

(2) 自分のICT活用の目的を自分で説明できるようにすること

「これはノートでやらせた方がいいですか？　端末を使わせた方がいいですか？」

1人1台端末の導入期，このような質問をたくさんの先生方から受けました。「Education first, technology second」の原則からいえば，それは教師が決めることではなく子どもが決めればいいことです。ただし，子ども自身が，学びのために使っているという目的を意識して判断することは大切にしたいことです。だから，教師は子どもに問うとよいと思います。「何のためにそれを使っているの」と。その目的が学ぶことに向かっていれば子どもの判断を後押ししましょう。目的を見誤っていれば目的を修正しましょう。目的を見失っていれば目的を確認した後，もう一度方法を判断させればよいと思います。誰かと揃える必要もありません。その子どもが判断することが大切です。そして，教師が子どもの目的に目を向け，把握しておくことで，子どもの学び方を見とり，フィードバックをして，よりよい学び方を育むことができるのです。

(3) 子どもの目的

このように子どもに目的を意識させて活動していると，だいたい次のような目的で使っていることが見えてきました。

○調べる（検索機能）
　教科書にない情報，教科書ではわからない情報を調べる目的
○記録，分析，検討（録音，録画機能）
　活動や対象を記録し，観察したり振り返って考察したりする目的
○共有，共同（共同編集機能）
　自分にない他者の考えを知る，その後一緒に編集する目的
○蓄積（保存，整理の機能）
　後で使う目的。繰り返し使う目的。 等

次ページから，それぞれの具体の一部を紹介します。

03 ICTで調べ活動

教科書は限られたページ数の中で，厳選された情報が載せられています。そのため，どうしても説明しきれていないところがあります。ICTを活用することで，子どもが教科書の内容を超えて様々な情報を調べられるようになりました。

例えば，4年生，立方体・直方体の授業をしているとき，こんな場面がありました。

> 色をつけた辺と平行な辺は何本ありますか？
> また，垂直な辺は何本ありますか？

平行な辺については，子どもはだいたい3本と答えます。

「平行はその辺をのばしても交わることのない関係」

「2辺と交わる直線を引くと，できる角度が同じ大きさになる関係」

平面のときに学習した平行の理解を適用させ，その関係を捉えます。

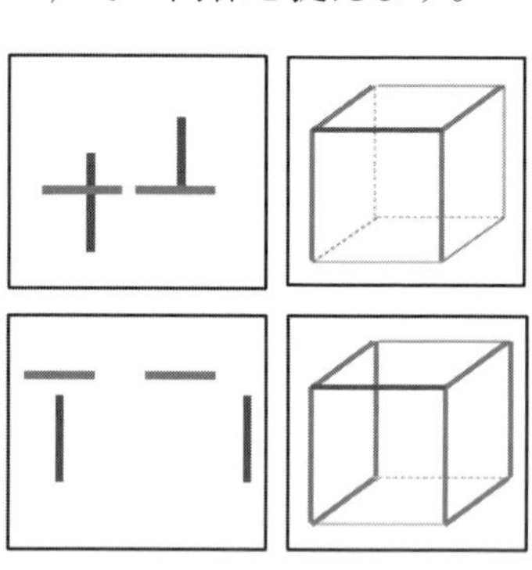

しかし，垂直を話題にしたときに意見が分かれます。4本という子どもと8本という子どもです。4本の子どもは「交差してできる角度が直角」と説明します。

8本と主張する子どもにも理由があります。平面のときには「辺をのばしたときに交差し，その角度が直角」であれば垂直な関係だったというのです。

ここで，「左図のような位置関係にある辺を垂直と判断してよいのか」

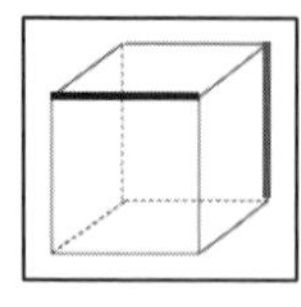

という課題に焦点化されます。実はここで問題になっている辺の関係（ねじれの位置）は中学校の学習内容であり，4年生の教科書には説明が載っていません。でも，立方体の垂直な辺を考えれば，当然子どもが問題意識をもつこと

です。決められた学習内容と子どもの問題意識のずれは，教科書の様々な場面で見られます。

私は，この場面の学習はここまでの説明ができていれば十分だと思います。図形の学習の中核的な内容を「図形を構成する要素等を視点にして，仲間分けできること」のように大きく捉えていれば，辺の位置関係に着目して，仲間と見られるか見られないかを自分で判断している子どもの姿は，図形の内容を深く学んでいる姿といえます。平面のときに学習した平行や垂直の概念を，立体の図形の学びで捉え直していく学び方です。むしろ，このような過程を経ないで，「垂直な辺はここところと…の4本です」と教えてしまうのでは，子どもの学び方を育てることにはならないと思います。

さて，しかしながらこの場面で授業を終わりにすることは，子どもが許してくれません。子どもは追究したい。でも教科書には情報がない。このようなときこそ，ICTで調べ活動をすることが有効な場面です。

授業に話題を戻します。子どもはどうにか，これまでの垂直と平行の概念にあてはめようと試みます。しかし，しっくりいきません。

「垂直だとすると，直角に交わるように見えて，のばしても交わらない」

「平行だとすると，交わりはしないんだけど，向きが違う」

それこそ議論が平行線に。しまいには，

「平行でもない。垂直でもない。それならこれは新しい関係で『平直』だ」と，この関係に新しい名前をつけてしまう子どもまで。

「実際はどうなんだろう」と知りたくなったところで，教科書を開きますが載っていません。「じゃあ検索しよう」となり，いよいよ端末を持ち出して調べてみると……。

「ねじれの位置」「中学1年生で学習します」

これを知った子どもは大喜び。

「僕は中学の数学を発見したんだ！ やったー」

教科書には載っていない内容を学び超えていく世界がそこにありました。

04 ICTで過程を記録，分析，検討

算数の学習において，追究の過程を共有し，分析，検討することはとても大切です。正解を出すことよりも，追究過程で多様な視点をもった他者と分析，検討したり，新たに考える必要があることを見いだしたりすることは，これからますます重視されていくことでしょう。しかし，過程を共有することが難しい学習場面が算数にはあります。

(1) 3年生「わり算」

12このクッキーを4人で同じ数ずつ分けます。1人分は何こになりますか？

このような問題はブロックのような半具体物を使って操作させることが多いでしょう。わり算は，結果ではなく分ける過程にこそ演算の特徴が現れます。それぞれ操作はさせても，その過程を分析したり検討したりすることは難しさがありました。すでに分けられた結果だけを見ても，かけ算の図のように見えてしまいます。

教科書では、右のようにその過程を説明させる場面があります。こうして，分ける過程を学習させようとしているのですが，なかなか図で過程を解釈することは難しいことです。また，自分操作の過程をこのような図で表して他の人に伝えることはもっと難しいことです。

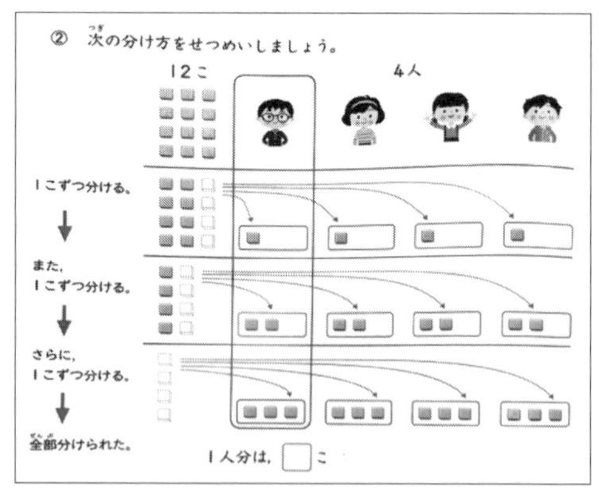

1人1台端末が導入された以降の授業で，子どもに「あなたの分け方を（教科書のような）図にかいて教えて」と尋ねると，「じゃあ動画に撮って

送っていいですか」と言う子どもがいました。どうしてかと尋ねると，「動画なら，説明しながら動かせて自分の考えていることが伝えやすい」と言いました。分け方を考える学習の目的に向かっているので，「それはなかなかいいアイディアだね。早速やってみて」と，このアイディアを採用してみました。

するとどうでしょう。子どもが自分の分け方を生き生きと説明し始めました。そして，「僕は1個ずつ分けていたけど，あの子は2個ずつ分けている」「私は4個ずつ配ったら足りなくなったから，もう一度分け直した」など，自分との分け方の違いや，「そうか，たくさんあれば1個ずつじゃなくて2，3個ずつ配ることもできるよね」と，それぞれの考えの理由までやり取りするようになりました。

「まとまった数ずつ分けて，余ったらさらに分ける，足りなかったら配り直す」という過程は，筆算にもつながる大切な思考です。ここでその操作の価値を教師が理解しておくと，子どもの思考を価値付けることができるようになります。

(2) 4年生「図形」

図形の作図の学習場面も過程が重視されます。しかし，過程を分析，検討することには難しさがありました。完成した図を基に子どもに説明を求めたり，図形にかき込まれた長さや角度，コンパスの跡などで判断したりしようとするのですが，難しいことです。

ここでも子どもは，動画で撮影し記録することを考えました。実際に撮影した動画を共有すると，同じように説明していた子どもでも，その過程に様々な違いがあることが見えてきました。

過程を記録することは，これまで見えなかかった部分を見えるようにします。見えるようになったものを，学習者がみんなで見つめる場を設定することで，子どもがその違いに気付き，分析，検討する必要が生まれます。これまで参画できなかった学びの場に参画するチャンスとなるのです。

05 ICTで共有，共同

対話的な学びを重視する流れを受けて，教科書では「話し合う活動」「相談する活動」等の活動が位置付けられるようになりました。

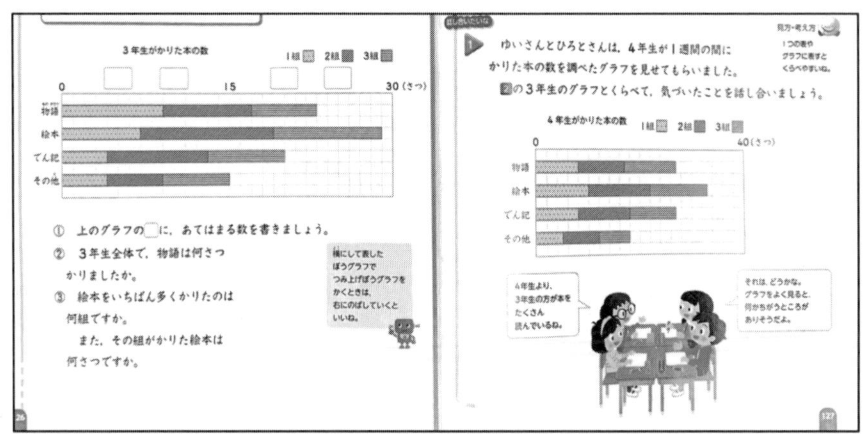

例えば，3年生「資料の活用」の単元では，右のようにグラフを見て気付いたことを話し合うような活動が位置付けられています。話し合う目的は様々あると思いますが，私は大きく二つのことを意識して活動させています。

一つ目は，学習のねらいに迫るために行うことです。意味ある話し合いになったかどうかは，話量や話し方ではなく，内容で決まります。流暢に話したり多くの子どもが話し合いに参加したりしていても，内容がない話し合いであればやる意味がありません。逆に，少ない言葉のやり取りや仮説的でたどたどしい話し方でも，内容が深まっていれば，意味のある話し合いになります。例示した場面では，グラフの長さではなく，1ます分の量（単位）を捉えた上で比較することが話題にならないと，それぞれが気付いたことを出し合うだけの意味の薄い活動になってしまいます。このことは前の章で述べた通り，その学習の中核的な内容を見定め，話し合う目的に設定するようにする必要があります。

二つ目は，他者と話し合って物事をよりよい方向に進めていくための

「協働の仕方」を身に付けていくために行うことです。社会の動向から，ビジネスモデルはすでにチームで働くことが中心となっています。他者の多様な考えや自分にはなかった考えを取り入れ，自分をコントロールしながら協働することは，子ども，大人を問わず，社会的に有能であるための基本となる力です。

そして，学校という場に集まって学ぶからこそ身に付けられる力であると考えます。

(1) 自分の話し合い方は，自分が一番わからない

では，「協働の仕方」を身に付けるためにはどうしたらよいのでしょう。私は自分の「協働の仕方」を客観的に見ることが重要だと考えます。話し合いに参加しているときは，常に主観的で，自分がどのように話しているか，どのように他者の話を聞いているか，わかりません。

例えば，私たち教師が自分の授業を録画して見返したとき，自分の話し方に違和感をもったり，子どもの話を遮ったり意味を捉え違えていたりすることに気付くことがありますよね。私も授業をしているときは適切な話し方で嚙み合ったやり取りをしていたつもりだったのに，授業ビデオを見返して愕然とするという経験を何度もしてきました。しかし，このように自分の話し方，子どもとのやり取りの仕方を知ることで，改善すべきことが見え，少しずつ自分がよいと思う関わり方に修正をしていくことができることも，皆さんが経験していることでしょう。授業が「教師と子どもの協働によって成立するもの」と捉えれば，授業ビデオを見て修正していく過程は，教師がよりよい「協働の仕方」を身に付ける過程とみることができるでしょう。子どもも同じで，「協働の仕方」を身に付けるには，自分の現状を知ることなしには考えられません。例え，教師がよいと思う話し合い方やルールを伝えたとしても，そしてその通り話せていたとしても，自分の現状が見えない限り「協働の仕方」は身に付くことはあり得ません。

そこで，私は，年度のはじめのよいタイミングで，このような話し合いの活動を録音させたり録画させたりします。そして終わった後，「皆さん

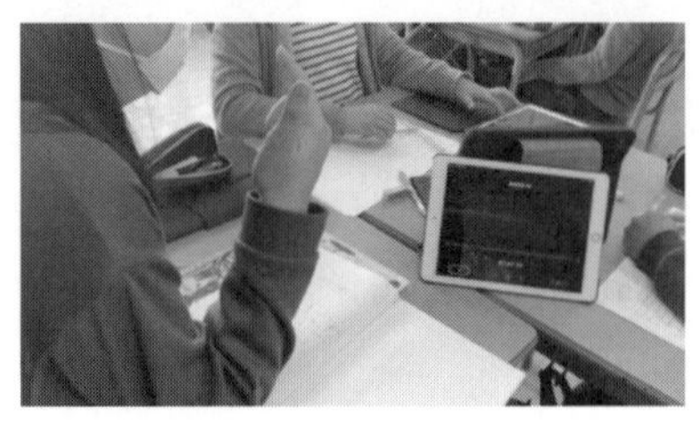

は自分の話し合い方に満足していますか」と聞いてみます。返答は満足していても満足していなくてもよいのですが，その理由を尋ねたときに，子どもは自分の話し合いの事実を思い出そうとします。

「結構自分の考えを話せたから」

「聞いているときに反応できたから」

「みんなにわかってもらえなかったから」

「あまり話せなかったから」

このような理由に表れる理想の話し合いのイメージを共有します。そして，「じゃあ，ビデオで自分が満足できたところ（満足できなかったところ）を振り返ってみましょう」と録音や録画した動画を見返させます。すると，子どもは自分の頭の中に浮かべていた自分と，記録の中の自分とにギャップがあることに気付きます。

「自分の考えはたくさん話していたけど，人の話をあまり聞いていない」

「反応をしていたけど，決まった反応ばかりで変な感じがした」

よいと思っていたことが，実は他者との関わりとして見ると，あまりよく見えないことが見えてくることがあります。

「わかってもらえなかったと思っていたけど，質問されたり一緒に考えてもらったりして，自分もわかるようになっていった」

「『○○さんはどう思う？』と聞いてみたら，○○さんの考えも知れたかもしれない」

と，満足できなかったところが，実はよい話し合いに感じられたり，当人だけでなく話し合いに参加しているみんなで意識することが見えたりすることがあります。

次の話し合いの活動のときには，自分が気付いたことを意識して活動するように促します。こうして，自分が理想としていた「協働の仕方」を変えていったり，理想に向けて自分の話し合いへの参画の仕方を変えていったりして，「協働の仕方」を身に付けていくのです。

(2) 話し合いの記録は共同編集で楽々

録音や録画のように，事実が流れては消えていくものより，文字のようにみんなが見つめられるものの方が，気付きの感度が上がります。

そこで，話し合いの記録を文章として書き出す活動に取り組ませます。話し合いの活動後に録音や録画を見返しながら書き出すのです。

3～4人で話し合っていると同時に編集作業ができる共同編集機能を伝えます。私は，Googleドキュメントのファイルを共同編集する方法を用いています。下のようにスペースを区切ったファイルを共有すると，子どもは分担を決め，記録し始めます。共同編集のよいところは，誰がどこにいても自分のタイミングでできることです。例えば，学校で一斉に行うこともできますし，下校後にそれぞれの自宅から行うこともできます。1人1分から1分半ほど担当すると，慣れてくれば10～15分ほどで書き出すことができるようになります。タイピングの練習にもなります。

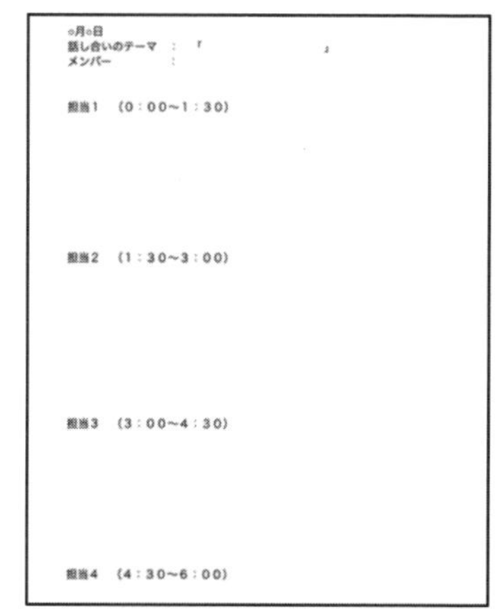
○月○日
話し合いのテーマ　：　「　　　　」
メンバー　　　　　：

担当1　(0：00～1：30)

担当2　(1：30～3：00)

担当3　(3：00～4：30)

担当4　(4：30～6：00)

文字に起こした話し合いの記録を全員で見返すことで，自分の話し合いへの参加の仕方だけでなく，同じグループのメンバーの話し合いへの参加の仕方にも目を向け始めます。

「みんながバラバラのこと言い合っているから，時々何について話すか確認しよう」

「考えを聞いてもよくわからないまま次に進んでしまうことがあるから，質問を聞く時間を取るようにしてもいい？」

このように，話し合う活動が終わった後に，話し合いの様子を振り返ることで，よりよい「協働の仕方」に気付いていきます。そして，このような活動を繰り返すことでよりよい「協働の仕方」を徐々に身に付けていくのです。

06 ICTで保存，蓄積

1人1台端末が導入され，授業で使うようになり，ふと気付くと，子どもの端末の中に，様々なファイルが無造作に残っていることがわかります。ICTは保存・蓄積が得意です。いや，何もしなくても，意図的に削除しない限り，基本的には保存されていくものです。

子どもには目的をもって保存，蓄積していく力を育てる必要があります。子どもが保存，蓄積の目的をもつのは，「また使えそうだ」という汎用性を感じたときや，「後で見返そう」という必要性を感じたときです。

(1) 便利だ，また使えそう

千	百	十	一万	千	百	十	一

一万	千	百	十	一
			2	5
		2	5	0
	2	5	0	0
2	5	0	0	0

10倍 10倍 10倍 100倍 1000倍

例えば3年生の大きな数を学習しているとき，教科書にあるような位取り表があると便利だと気付く場面があります。私が授業をしていたときは，大きな数の読み方を考える場面や10倍，100倍の関係を考えるような場面で，ある子どもがこの表を書いて説明し，「この表があるとわかりやすいし説明しやすい」「最強じゃん。すぐに答えがわかる」と，クラス中から絶賛された場面がありました。子どもはこの表は便利だからまた使いたいと考え，写真に撮って保存し始めました。そして，その後の学習で，同じように大きな数の読み方や関係を考えているときに，持ち出して使っている子どもが何名もいました。そのような場面を取り上げて，便利な道具を保存しておくことは役に立つことだと価値付けておきます。

千の位	百の位	十の位	一の位	$\frac{1}{10}$の位	$\frac{1}{100}$の位	$\frac{1}{1000}$の位
			3.	9	2	

1000倍 100倍 10倍 $\frac{1}{10}$

この子どもが4年生で大きな数や小数を学習するときに表を持ち出すと，位が足りないことに気付き，「3年生の時の表に付け足せばいいじゃん」と，同じ仕組みで範囲が広がっていることを捉えている子どももいました。

このような経験から，便利そうな道具や情報は，フォルダに整理して保存しておくという文化ができました。

・かさの学習で使ったリットルます図，デシリットルます図
・ブロック図，アレイ図
・面積の学習時の，面積の単位計算表
・立方体の展開図の種類
・平方数の計算の答え（11 × 11 = 121，12 × 12 = 144，13 × 13 = 169…）
・公式や，その公式で求められる理由　など

「これは保存ものだ！」

授業でこのような呟きが出たとき，理由を聞き返すようにします。

「また図で考えるときに使える」

「アールやヘクタールは，めったに聞かないから思い出せるように」

「公式だけ覚えてもどうしてその公式になったかわからないと使えない」

と，保存するものと一緒に，保存する目的を自覚させるのです。

(2) 不安だ，後で見返そう

子どもが保存しておこうと思うのは「また使える」というときだけではありません。例えば，自分の理解が不十分なところや苦労して乗り越えたことなどは，保存しておいて復習したいという思いをもっています。

詳細は次の章で説明しますが，私は，ICT端末が学校に導入される前から，自分の間違いを大切にして，間違いを生かして理解を深めていく学び方を身に付けてほしいと願い，「ミスノート」というノートを作る取組をしていました。授業中，プリント，ドリル，テストなどで出合った，自分が間違ってしまった問題，なかなか苦労した問題などを切り取って，ノートにためていく取組です。自分が困る問題がわかれば，対応策や取り組むべき課題が見えてきて，自分に最適な学びを自分で選択できるようになります。

第5章 学ぶ文化をつくる

よい授業には，生き生きとした子どもの姿があります。それは，これまで述べてきたように，子どもが主体的に学べない授業では，育成すべき資質・能力が育たないからです。

しかし，そのような生き生きとした姿を引き出すことは，容易ことではありません。

「子どもが生き生きと学ぶ授業を参観したので，自分の教室でも同じように授業をしたけど，想定したような姿にならなかった」
という経験は，多くの先生があるのではないでしょうか。

もちろん，教師の発問や教材，活動など，子どもの姿に影響を及ぼす指導はたくさんあります。しかし，最も影響を及ぼすのは，こうした指導を続けていくことでつくられる，学びの文化です。文化とは，その学習集団がもつ固有の様式です。子ども一人一人が自分で考えることを決め，試行錯誤しながら追究を深めていくような授業が繰り返されることで，文化が根付いていくのです。

ここからは，そのような学びの文化をつくるために，私が取り組んでいることを紹介します。

01 思考の言葉

(1) 考えているときに子どもから出てくる言葉

私の教室の掲示板には，言葉が短冊に書かれて掲示してあります。

・イカす　・いつもつカエル　・だっタラ　……

などです。ダジャレです。しかし，ただのダジャレではありません。子どもが授業中に使うダジャレです。

○例えば，異分母の分数の大小比較をしているときに，

「前に，1/2と2/4と3/6は同じ大きさって勉強したじゃん。それをイカ

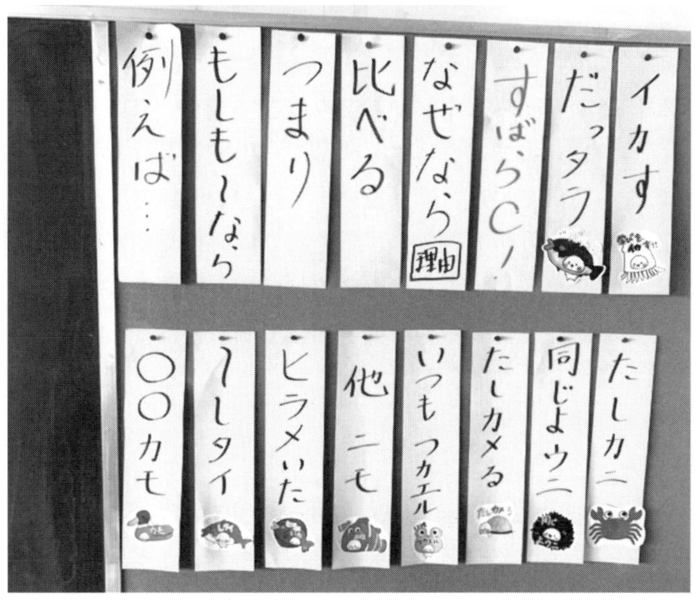

して分数を変身させればいいんだよ」

「今，イカが泳いできたね。イカが泳いでくると，これまでの学びがつながるね」

○例えば，面積の学習をしているときに，

「1㎠のマスを数えなくても，縦の辺と横の辺をかけて面積も求められる。これってどんな図形でもつカエルじゃん」

「あ，カエルが泳いできたね。カエルが泳いでくると，方法が役立つ場面がわかるね」

このように，子どもが使っていた言葉を価値付け，一つ一つ掲示する言葉を増やしていったものです。ある程度集まってくると，子どもから，

「今，ウニが出た」「ヒラメが泳いだ」

など，新しい言葉を見つけたり，

「また，イカが泳いだね。算数ってイカすことがたくさんありますね」

などと，すでに見つけた言葉を再認識したりする姿が見られるようになります。

このような思考の言葉を集めることには，大きく二つ効果を感じています。

(2) その学級らしい「学び方」をつくる

一つ目は，その学級らしい学び方をみんなでつくっていくことができることです。短冊に書いてある言葉を，私から出すことはありません。だから，学級によって出てくる言葉は違います。ある学級では出てきて，ある学級では出てこない言葉もあります。それでいいのです。これは子どもが追究するときに発揮している思考を価値付けて可視化する取組です。つまりは，子どもに内在している力を引き出して価値付けているわけです。教師からこの言葉を出して，「使って考えましょう」というのは，全く逆の目的になってしまいます。

育てたい力は子どもの中に内在しています。しかし，子どもはその力に無自覚で，問題解決に取り組む過程で知らず知らずのうちに発揮します。しかも，子どもによって発揮する力は異なります。こうした思考を言語化して見えるようにし，共有していくことで，自分たちの学びの文化をつくっていくことに参画するのです。そして，一度共有した思考を繰り返し用いながら，その価値を何度も実感することで，学びの文化を根付かせていくのです。

(3) その子らしい「学び方」を把握しイカす

二つ目は，その子らしい学び方を把握することができることです。

子どもが語る言葉に注目していくと，子どもによってよく使う言葉が異なることがわかります。

○「他ニモ」

問題解決の見通しや解決方法を話題にしているときに「他ニモ！　他ニモ！」と，よくニモを泳がせる子どもがいます。この子どもをよく観察していると，一つの対象を考察するときに，多様な視点で対象を見つめていることがわかります。図形を観察するときには，辺の視点，角の視点，広さの視点，形の視点，実に豊かな視点で多様な捉え方をしていることがわかります。

○「だっタラ」

問題解決の結果が出たとき,「だっタラ○○のときはどうなるの」と，よくタラを泳がせる子どもがいます。この子どもをよく観察していると，問題を解決しても，問題の数値を変えたり場面を変えたりして，発展させていこうとしていることがわかります。2桁の計算ができると「だっタラ3桁のときはどうなるの」。三角形の作図ができると,「だっタラ四角形になってもできそう」。常に自分から働き掛け，新たな問題を発見しています。

○「イカす」

友達の解決方法を解釈したときに「それは○○をイカしているね」と，よくイカを泳がせる子どもがいます。この子どもをよく観察していると，今考えていることを他の場面で考えていたことと関係付けていることがわかります。

このように，子どもにはその子らしい，考え方の癖のようなものがあります。得意な考え方も不得意な考え方も，一人一人違います。よく使っている言葉を基にその子の思考を観察することで，その子らしさを把握することができます。そして，一人一人のその子らしい考え方が生かせるように，授業を構想したり展開したりすることができるようになります。選手の強みを生かしてポジションを決めたり作戦を構想したりするバスケットボールのコーチのように。逆を言えば，選手の強みを知らないコーチに，そのチームを強くすることは難しいでしょう。その子らしい思考性を把握することは，そのくらい重要なことです。

02 ミスノート，ミスファイル

(1) 教室は間違うところだ

年度のはじめ, 教室で紹介されることの多い，蒔田晋治さんの詩『教室はまちがうところだ』。

教師は詩を朗読したり，自分の経験を話したりして,「間違えることを怖がらないでほしい」「どんどん間違えよう。そして，誰かの間違いを責めない教室にしよう」という思いを子どもに伝えます。子どももそんな先生の話を受け止め，希望と安心感に包まれた一年をスタートさせるでしょう。

しかし，毎日行われている授業中に，本当の子どもの間違いに出合ったとき，先生方はどんな対応をとっているでしょうか。

①正しく解決している子どもを指名する

②個別に助言し，修正させる

③「君の間違いのおかげでみんなの学びが深まった。間違ってくれてありがとう」と感謝を述べる

④「いいんだよ，間違えても」と寄り添い，慰める

このような対応は，私が実際に見たことのある対応です。どれも，子どものことを思った対応だと思います。しかし，子どもにはどのように伝わっているのでしょう。

①や②のような対応では，「やはり先生は，正解を価値あるものと捉えている」と子どもは思ってしまいます。③や④のような対応は優しい言葉ではありますが，なぜ感謝や慰めを受けるのか，本質的な理由が子どもにはわかりません。これでは，「結局は，教室は間違うところではない」ということを伝えていることになってしまいます。

(2) 間違いの価値

「教室は間違うところだ」とスローガンを立てても，実際の間違いは扱いにくいのには，理由があります。

・間違いは大切にしたいけど，取り上げると時間がかかって終わらない。

・間違いと正解が混在してしまい，子どもが混乱してしまう。

つまり，子どもの学びの保証，よりよい理解のためには，「間違い」はない方がよいと考えているのです。人の間違いに対して寛容であることに価値を感じているものの，子どもの学びにとっては，ない方がよいという理由です。しかし，これは間違いの価値を捉え違えています。

「How People Learn」（米国学術研究推進会議編著）の中で，学習を効

果的に進めるためには，素朴概念を自ら修正する学習が必要であることが述べられています。「間違い」というのは子どもの素朴概念であり，その子どもの現在の状況が表出したものです。そのように考えると，間違いを取り上げることは，子どもの学びを保証するためにも，よりよい理解のためにも有効に働くものであることがわかります。

子どもとは，折に触れ，「わからないことを発見できることにこそ価値がある」ことを確認するとよいと思います。これはきれいごとではなく，本気で確認する必要があります。教師の本気度が，その場のきれいごとで終わるか，教室の文化として根付くかの分かれ道です。

例えば，授業中には「わかる人？」という問い掛けをしたら「わからない人？」という問いかけもセットで行います。そして，どちらも自分の今の状況を判断できていることに価値があることを伝えます。

例えば，グループやペアでの話し合いや相談が終わったら，

「今の話し合いで，まだ納得できていないことはありますか？」

と尋ねます。目的に向けて，何に納得できていて何に納得できないのか，自分の今の状況を判断できていることに価値があることを伝えます。

例えば，問題に取り組ませるときには，

「これから問題を10 問やります。ところで，あなたが一番成長できる時間は，次のうちどの時間だと思いますか。

①10問の問題を一生懸命考えている時間

②解き終わった後に，丸付けをしている時間

③間違えた問題を修正している時間」

と具体的に質問します。多くの子どもは修正している時間だと答えます。理由を問えば，「わからなかった」「わかったつもり」が「わかった」に変われば成長といえることを説明します。問題解決に取り組む時間，丸付けをする時間には，あまり自分が変わることはないということです。このようにして，変わるためには，自分の理解の状況に目を向けることが大切だということを確認するのです。

このように，様々な場面で，間違いを大切にするということは，自分の状況を把握することであり，自分の状況を把握してはじめて学びが生まれ

るのだという価値を，本気で子どもに伝えていくとよいでしょう。

(3) ミスノート

私は，「ミスノート」というノートを作る取組をしていました。この取組について紹介します。

年度のはじめ，1，2単元の学習が終わった頃に，子どもにノートを配り，次のように話します。

「このノートはね，教科の学習ノートとは違いますよ。“ミスノート”といいます。みんながプリントやテストでいろいろな問題を解いたとき，間違うことあるよね。その間違いを記録していくノートです」

そして，上述のような間違いの価値を伝えます。間違いは自分の今の状況であり，今の自分を知ることが学びにつながるということを。

こんな話をしていると，ある子どもが何か閃いたような表情になります。

話を聞いてみると，映画にもなった黒いノートを話題にして，

「○スノートは名前を書いたら命が失われるけど，ミスノートは間違いを書いたら，そのミスがなくなるってことですね！」

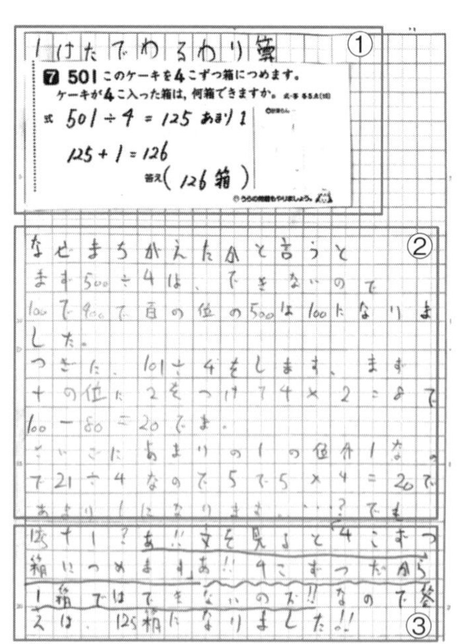

なんてうまいことを言うのでしょう。「ミスを書くとミスがなくなるノート」なんて，あったら素敵ですね。

書くだけでなくなるかはわかりませんが，次の3ステップでノートを活用していきます。

①間違えた問題を貼る

プリントやテスト，授業中などで間違えた問題を切り取って貼ります。切り取りたくない子どもや切り取れない問題は，書くことも

あります。間違えた解答もそのまま書きます。

②解答の理由を書く

なぜそのように解答したか理由を考えて書きます。過去の自分を，客観的に見直す感じです。

③修正する

どこをどのように修正したらよいのか，ポイントを示しながら修正します。

(4) 自分の解決を自分で分析する

取り組んでみると，②の自分の解答を自分で見直す場面が重要であることがわかります。「どうしてこの答えにしたの？」という問い方は，受け止め方によっては間違えたことを責められているようにも受け止められます。私は，

「今のあなたから見て，昨日のあなたはどのように考えたと思う？」

のように，他者の考えを解釈するような問い方を心掛けます。

「あの時の自分は○○が見えていなかったのかなあ」

「おそらく，あの時の自分は○○だと思ってこうしたのだと思う」

今の自分ではなく，昔の自分がやったことと捉えられれば，子どもは意外と冷静に自分の間違いと向き合います。

取り組みはじめは，このように間違いに向き合うことを重視します。子どもの中には間違いを恥ずかしいもの，人には見せたくないものと思っている子どももいます。意識せず授業をしていると，子どもが自分の間違いに向き合う場や時間が圧倒的に少なく，向き合い方がわからないのです。まずは間違いに目を向け，自分の解決と向き合えるように心掛けます。

さて，間違いを解釈させてみると，すぐに全員が分析的に見ることができるわけではありません。「測り間違えた」「計算を間違えた」「見間違えた」「勘違いした」などと表現する子どももいます。このまま次の修正のステップに進むと，「気を付けてやる」「やったら見直す」となり，算数の内容に対する気付きにつながりにくくなります。これでは，間違いを分析する価値が半減です。

この段階では，一つの間違いについて，複数人で分析してみるとよいでしょう。

例えば，右の間違いを全員に提示し，「どのように考えて35°と導いたのかな？」と問うてみます。

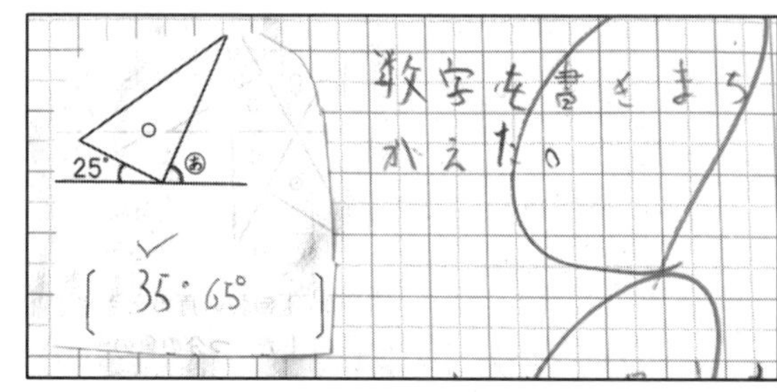

すると，子どもたちから，

「25°より大きく開いているから35°と導いたのかも」

「三角定規の角度を90°じゃなくて60°だと思ったのかもしれない」

などと，それぞれが自分なりの解釈を話します。

そして，そのような発言を聞いて，間違えた本人も，

「ああ，そうか，私はそうやって考えたのかもしれない」

と，自分の間違いを分析し直すことができます。解釈ができれば，自分のわかり方（間違え方）に合わせて，最適な修正の仕方を生み出します。

例えば，この問題の角度を250°と答えた子どもは，直線になるまで開いた角度を180°ではなく360°と認識していたことが，自分の間違いだったと分析できています。1周は360°なので，全く見当違いではないことがわかります。

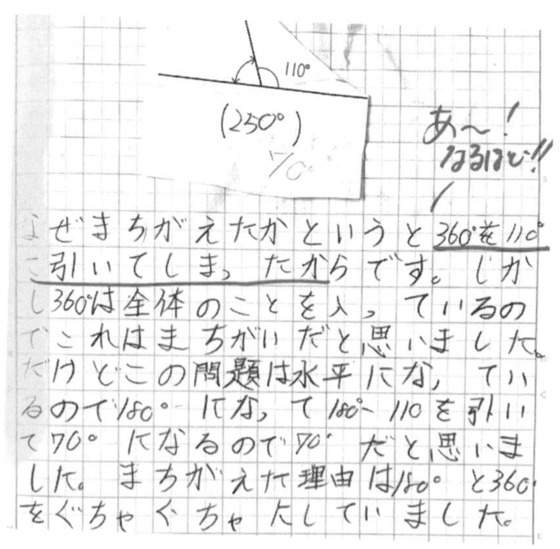

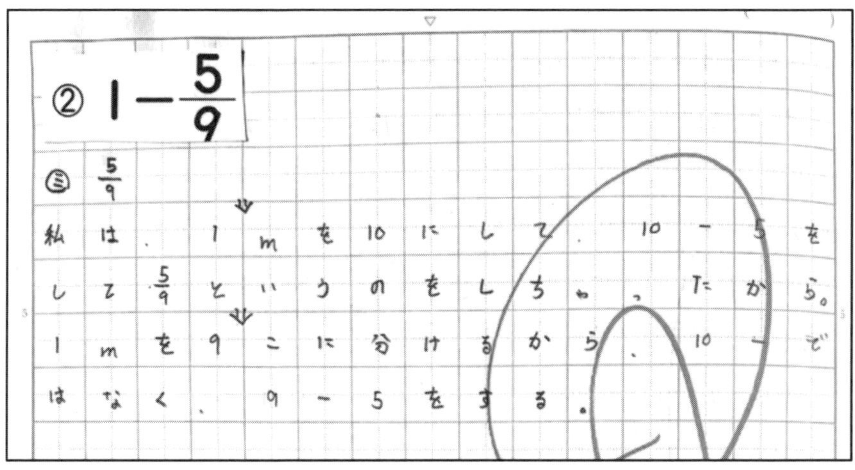

例えば，1－5/9＝5/9と答えた子どもは，1を分数に直すためには1mを10等分する必要があると考えていたことが自分の間違いだったと捉えています。小数にするときは10等分するわけで，全く見当違いではないことがわかります。1mは9個に分けたうちの9個分，つまり9/9mであることをポイントとして修正につなげています。

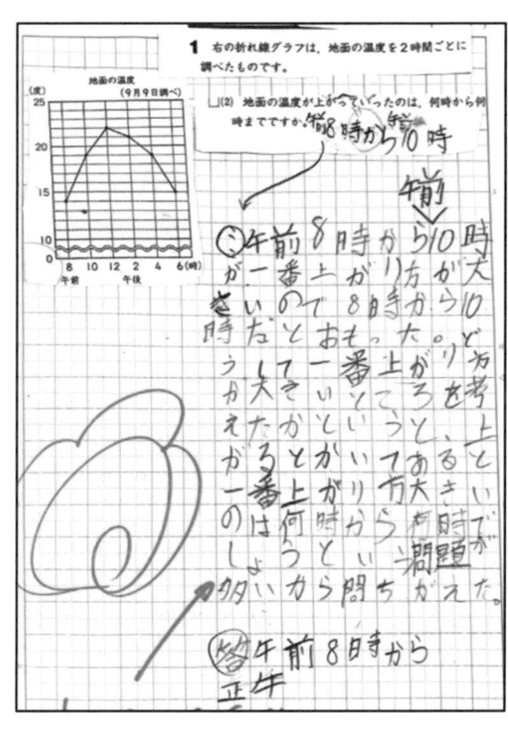

例えば，右のグラフを見て，「温度が上がっていったのは，何時から何時までですか」と問われていることに正しく答えられなかった子どもは，「今まで一番上がり方が大きいのは何時から何時まででしょうという問題が，多かったから」と分析しています。つまり問題文の理解が不十分だっ

たことを自分の間違いの理由に挙げているのです。この子どもの解釈であれば，正解ではあるわけです。

取組を続けてわかるのは，めちゃくちゃする子どもはいないということです。子どもはそれぞれ，自分のこれまでの理解を基に，ある意味論理的に考えています。全てが間違っているわけではなく，解決の過程のどこかでボタンの掛け違えのようなミスが原因となり，間違えとなっているのです。

教師は，想定していなかった解答や自分が理解できない解答に出合うと，正しいことを教えてあげたくなります。しかし，それでは子どもは自分の解決とは全く異なる解決の仕方を押し付けられたような学びになります。

そうではなく，自分の解決の過程を見つめ直し，どこにボタンの掛け違いがあったのかを明らかにし，そこをもう一度考え直し修正することができれば，それは自分にとって最適な学びを創り出していくことになります。他から与えられた正しいといわれる方法を覚えるのではなく，自分の現在の状況を修正しながら最適な学びを生み出すことに価値があるのです。

(5) ミスファイル

ミスファイルはミスノートのデジタル版です。1人1台端末が整備されてからは，この取組をデジタルで行うようにしています。保存・蓄積はデジタルと相性がよく，振り返ってみることもノートより容易にできます。

ノートのときにはできませんでしたが，領域ごとにフォルダを作って保存・蓄積していくことにチャレンジしています。複数年経ったら自分がずっと苦手に感じている内容や途中で改善されていった内容等が見えてくるかもしれません。アナログのノートのときには難しかったことがデジタルでは可能になることにワクワクしながら，ミスファイルに取り組み始めているところです。

ミスファイル

①なぜ「1000000000」と書いたのか？

「1000」にした理由
「kL」の「k」には「1000倍」という意味があると聞いたから、単位はわからないけど、長さが1×1000で長さが「1000」じゃないかと思った

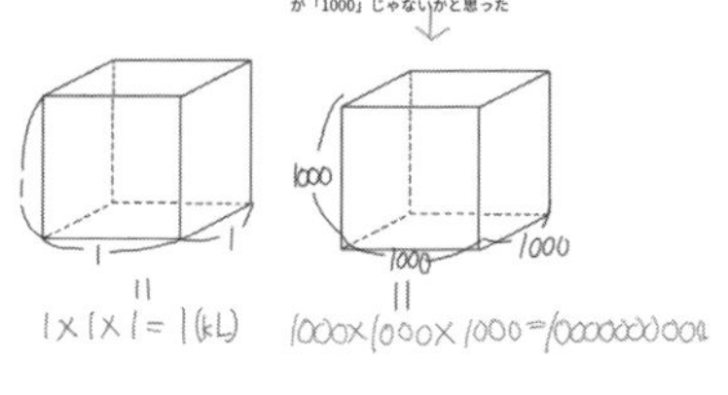

縦×横×高さをして「1000000000」になった

②なぜ「1000」になるのか

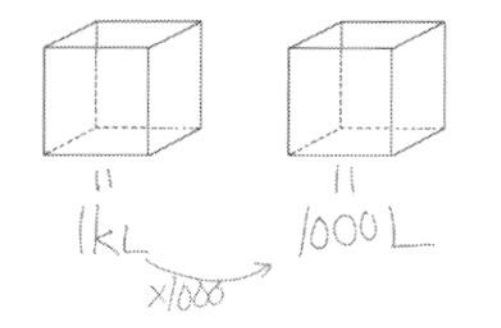

KLの「k」
長さの1000倍❌
体積の1000倍〇

③似た問題でチャレンジ！

□にはいる数字は何？

□kL＝2000L

A2
(式)2000÷1000＝2(kL)

---

①その時どう考えたのか。
図のようにその時の自分は1、2、3と数え、3＝100(3つの数字だから)と考えました。

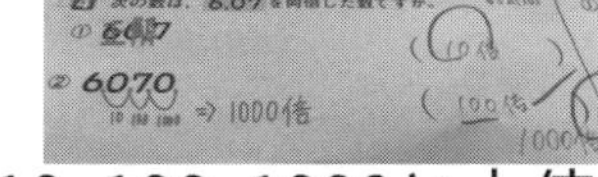

②どう修正するか。
1、2、3と数えるのでは無く、10、100、1000と十倍ずつの数で数えれば、もっと正確にいくと思いました。

③間違えないか問題を作る。

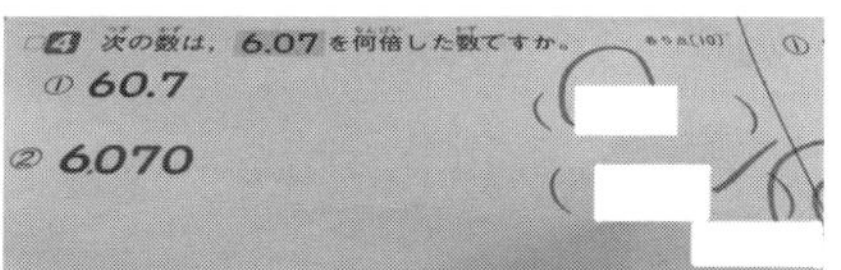

第1部　算数教科書の見えないものを見るポイント
第2部　「中核的な内容」を意識した「難単元」の指導のポイント

難単元のわかる教え方

ここからは,「学び方を学ぶ」授業の実践を紹介します。特に「中核的な内容」の設定と子どもの思考や発話は,ありのままを心掛けました。

01 3年「倍の計算」

(1) 中核的な内容

私は「倍の計算」の学習の中核的な内容を「基準量の1を捉える」ことと設定します。そして,単元内に限らず6学年までの「割合」に関わる学習の様々な個別的な内容を,まとまりとするための扇の要として「基準量の1を捉える」ことを繰り返し学習するように意識していきます。

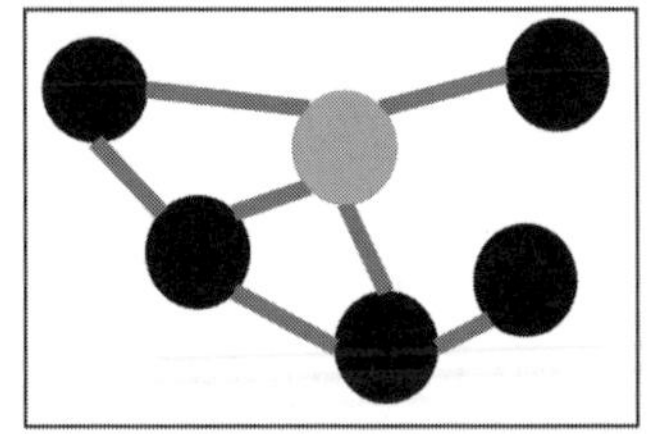

(2) 「倍の計算」の指導のポイント

子どもは,2学年時の九九の学習を通して,「いくつ分」という表現を「倍」と置き換えて表現することを学習しています。倍概念は割合であり,小数や分数のかけ算の学習で重点的に扱う内容でもあります。2学年の段階では,「『2つ分』のことを『2倍』ともいう」というおさえ方でよいですが,子どもが「全く同じもの」と捉えてしまわないように,下学年からの丁寧な指導の積み重ねが必要になります。

そこで,3学年以降の学習では,倍に関する内容を単元化し,三用法をセットで扱いながら指導することを構想します。

第一用法：二つの量A，Bがわかっていて，A（比べる量）がB（基にする量）の何倍に当たるか（割合）を求める方法

第二用法：B（基にする量）と何倍（割合）がわかっていて，A（比べる量）を求める方法

第三用法：A（比べる量）と何倍（割合）がわかっていて，B（基にする量)を求める方法

常にこの三用法を関連付けて捉えられるようにし，倍についての理解を深めていきます。

本単元で働かせたい見方・考え方は二量の関係に着目することです。しかし，この“関係”というのは目に見えず，子どもにとって捉えることが難しいものでもあります。そこで，目に見えない二量の関係を可視化する表現方法として，テープ図や数直線を活用します。

単元前半は，まずリボンを題材として，具体物を用いて実際に測定する活動に取り組ませます。実物のリボンを並べたり「いくつ分」を測り取ったりする活動を通して，徐々にその具体的表現を 図的表現（テープ図や数直線図）に置き換えていきます。その中で，子ども自身が「基準量の1を捉える」ことを重視します。そして，「比べる量」，「何倍」に当たる部分が，図のどこに表されているかを捉えられるようにします。

単元計画（全3時間）

1次　リボンを作る活動を通して，倍の考え方を知る　1時間

2次　□にあてはまる数を，除法を用いて求める　1時間

3次　「あた」や「つか」を使って身の回りのものの長さを調べる　1時間

(3) パフォーマンス評価

時間	問　　題	期待する子どもの姿
1	27キラキラは，2キラキラの何倍？　3キラキラの何倍？	3キラキラの9倍が27キラキラだから，9cmの9倍で81cm。 2キラキラを何倍しても27キラキラにならないから，使えない。

(4) 授業の実際

①6倍のリボンを作ろう（1時間目）

〈ねらい〉

リボンを作る活動を通して，倍の考え方を知る。

〈実際〉

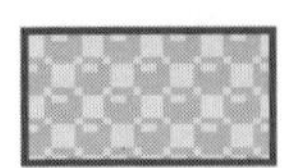

❶6倍のテープはどれ？

キラキラと光るテープ（3cm）を提示します。そして，「これを1キラキラとします」と宣言します。要は，新しい単位を設定したいのです。だから，赤いテープで１アカアカでもよいのですが，子どもの反応としてはキラキラテープがよいようです。次に，ア～ウの3つのテープを提示し，「6キラキラは，どれでしょう」と問います。

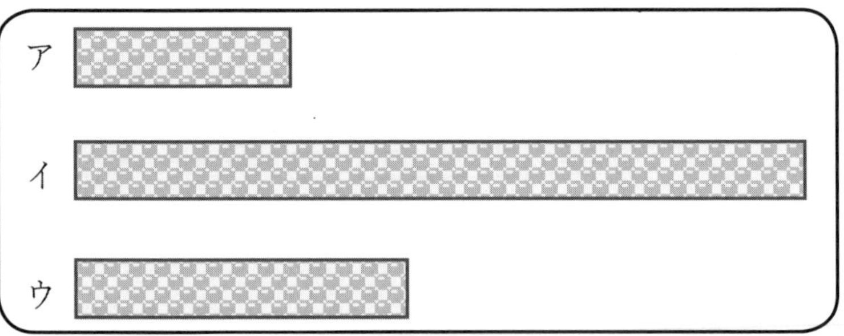

まず，見た目で予想させると，ほとんどの子どもがイと予想します。そこで，アやウが絶対に違う理由を問います。

T：どうしてアやウは違うと言えるの。
C：だって6キラキラってことは，1キラキラの6つ分ってこと。
　アやウはどう考えても短いよ。
C：多分，2つ分か3つ分しかないよ。

そこで実際に確かめさせてみます。

ア 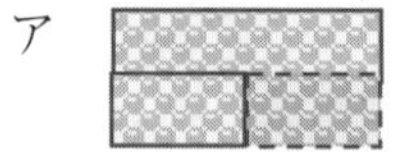 ウ 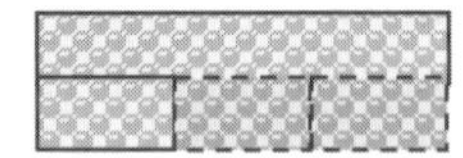

ここで，アは1キラキラの2倍（1×2），ウは1キラキラの3倍（1×3）という表現を教えます。倍の表現を授業でたくさん使わせるためです。多くの子どもが，答えはイで間違いないと思い始めます。

「では，イで間違いないね」と言って確かめさせます。

イ 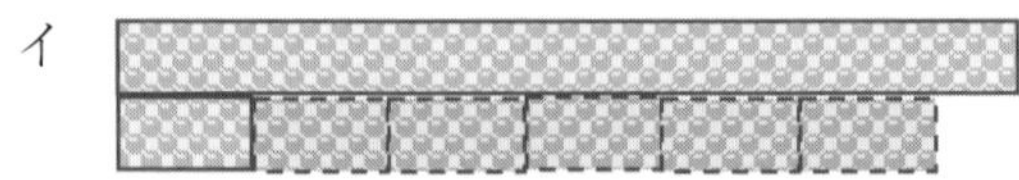

C：あれ！？　6キラキラじゃないよ。
C：本当だ。6倍より少し長い。先生間違えたんじゃない。
T：あれ，間違えちゃったかな。6キラキラがない。どうしよう。
C：だったら，僕たちで6キラキラを作ればいいよ。

選択肢ア～ウには6キラキラがなかったことを確認した後，6キラキラを作ることに課題を方向付けます。今回のように，子どもが「ないのなら作ればいいよ」と意識を向けることは，他の場面でも子どもが自ら学習を深める態度につながるので，ぜひ引き出したいところです。

❷6キラキラを作ろう

テープの巻かれているロールを出し，どこで切ればよいか問います。子どもは，何を使って調べればよいか考え始めます。

「先生，さっきの問題で使ったキラキラテープを使ってもいいですか」

「先生の失敗したキラキラテープだけど使えるの？」

などと問い返しながら，基にするテープを使うことに焦点化していきます。その後，6キラキラは何cmになるかを考える時間をとります。はじめは，1キラキラを6つ並べて6キラキラを作ろうとする子どもがたくさんいます。

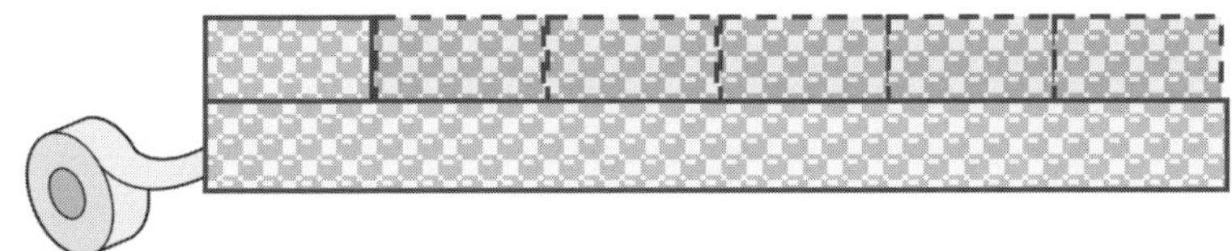

実際に1キラキラ6つ分の長さを目盛りで取り，テープを切り取ります。3cm × 6 = 18cmで切ることがわかります。

ここで，違う方法で求めていた子どもが声を出します。

C：僕は，1キラキラじゃなくて3キラキラを使いました。
T：これで，どうやって6キラキラを作るの？
C：3キラキラの2つで6キラキラになるよ。
C：ほら，3キラキラの2倍だよ。9cm × 2 = 18cmだね。
T：あ，早速「倍」が生かされているね。

実際に図に並べて，3キラキラの2つ分で切り取ります。すると，先ほど作ったテープと同じ長さのキラキラテープができます。

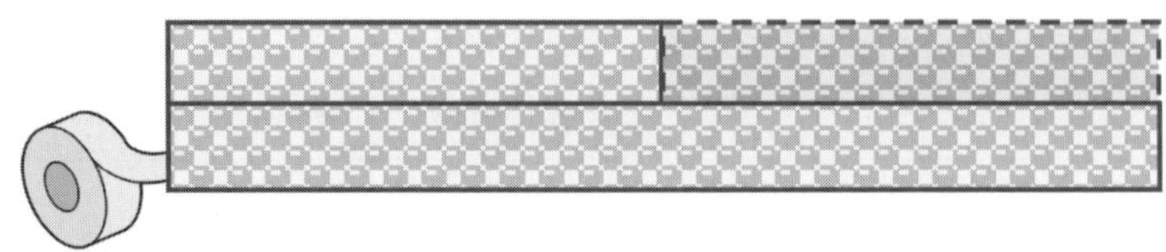

「基準量となる1」を，1キラキラから3キラキラに変えても解決できることを確認します。9cmの2倍で18cmということです。「2倍」という表現を活用しているところも価値付けます。

ここまでくると，「2キラキラも使える」と，多くの子どもが「基準量となる1」に着目して考えるようになります。「2キラキラの3倍」「6cm × 3 = 18cmだ」と「倍」の表現を使います。この場面，図で確かめる前に，3倍の意味を問い返します。

T：どうして3倍になると思ったの。
C：それは2キラキラが3つ分で6キラキラになるからです。
C：6cmが3つで18cmになるとも言える。
C：18cmの中には6cmが3つ入っているでしょ。
C：18 ÷ 6で3になるから。

このように3倍の意味を確認した後で，実際に図で確かめます。

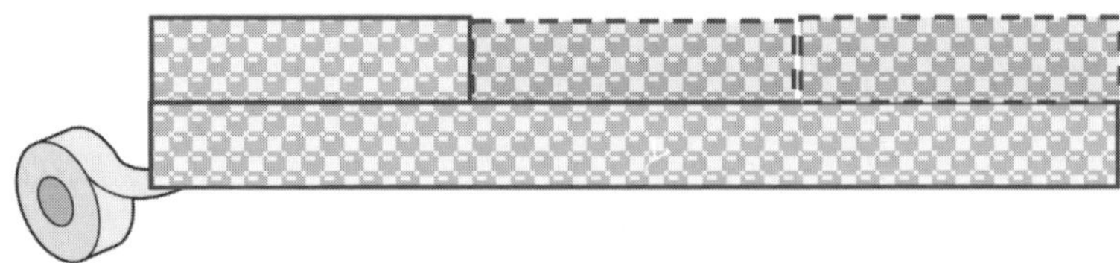

6キラキラの作り方（または確かめ方）が複数出たところで，次のように問います。

T：いろいろな作り方（確かめ方）があったね。違うところはどこかな。
C：倍が違う。6倍のときと，3倍のときと，2倍のときがあった。
C：使うキラキラも違うよ。僕は2キラキラを使ったけど，3キラキラや1キラキラを使った人もいる。

まずは，違いを問うことで，「基にする量」と「倍」の視点を引き出します。その後，この2つをつなげて整理します。

T：そうか，2キラキラの6倍で，3キラキラの3倍で，1キラキラの2倍っていうことでいいかな。
C：いやそれはだめ。2キラキラのときは3倍。3キラキラのときは2倍。1キラキラのときは6倍だよ。
3cmを基にすると3cmの6倍　3×6＝18
6cmを基にすると6cmの3倍　6×3＝18
9cmを基にすると9cmの2倍　9×2＝18
C：どれを使うかで「○倍」は決まるんだよ。

2つの視点を教師がわざと誤ってつなげることで，子どもたちが整理します。そして，基にする量によって「○倍」も変わるということを理解します。こうして中核的な内容といえる「基準量の1を捉える」ということの理解を深めていきます。

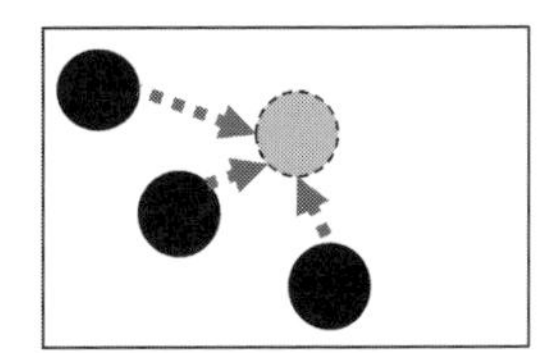

ポイント
“キラキラ”という単位を作ることは，基準量の1を示すことと同じです。6キラキラを作る課題で，「1キラキラの6つ分（6倍）が6キラキラだから，3cmも6倍して18cmになる」「2キラキラを3倍すれば6キラキラだから，6cmも3倍して18cmになる」という話題は，関係を話題にしていて，まさに割合を考えていることになります。3年生の子どもがこのように関係を明確に話すことは難しいですが，教師が割合の目をもっていることで，関係を考えていることを価値付けることができます。何を基にするかで，□倍が変わることを整理している場面は，そのような価値付けのチャンスです。

❸パフォーマンス評価

ここまでの学習で，子どもは基準量の1を捉えて□倍を考えることができるようになっているでしょうか。本時は「学級の人数分の27キラキラを作るとすると，長さは何cmになるだろう」という課題で，子どものパフォーマンスを引き出し，評価します。

T：27キラキラは何cmになるかな。
C：1キラキラの27倍だから，3cmの27倍。
C：つまり3×27で81cmだね。
C：さっきみたいに1キラキラ以外を使って考えると……。

1キラキラの27倍はほとんどの子どもが考えられることです。それを確認した上で，1キラキラ以外を使って求める方法に焦点化し，27キラキラはア（2キラキラ）の何倍で，ウ（3キラキラ）の何倍なのかを考えさせます。6キラキラのときは並べてみて考えることができましたが，今度は実際に並べるには少し長すぎます。念頭操作で行うことが必要になります。

答えは81cmとわかっています。1キラキラの27倍の考えも確認しています。ではア（2キラキラ）とウ（3キラキラ）を基にするとどうか。この文脈の中で，子どものパフォーマンスを評価していきます。

このとき，教師は次のような視点で子どものパフォーマンスを見ていきます。

〈ウ（3キラキラ）を基にして考えるとき〉

ウ（3キラキラ）の9倍で27キラキラになることから，長さも9cmの9倍で81cmになります。「9倍になります。だって」と，このような関係について説明できていたら素晴らしいことです。

もし，このように結論まで辿り着かなかったり，関係を明確に説明できなかったりしたとしても，「3キラキラの何倍で27キラキラになるか」や「81cmの中に9cmがいくつ入っているか」に目を向けて考えている姿があれば価値付けます。パフォーマンスは過程を形成的に評価するために役立てます。本時であれば，“関係”に目を向けているかを観察します。

〈ア（2キラキラ）を基にして考えるとき〉

結論から言うと，ア（2キラキラ）を基にして27キラキラを作ることは3年生にはできません。できないことを明らかにすることも過程を表現するときに大切なポイントです。「2キラキラを何倍しても27キラキラにはならない」などとできない理由が“関係”を基に説明できているかを観察します。

「27人分だから27倍」このような捉え方では，関係を考えていることにはなりません。「基準量の1を捉える」ことを学習の中核に据えて展開することで，子どもは「2キラキラの□倍だから」「3キラキラの□倍だから」と関係に焦点化し，学びを深めていくことができるのです。

02 3年「三角形と角」

(1) 中核的な内容

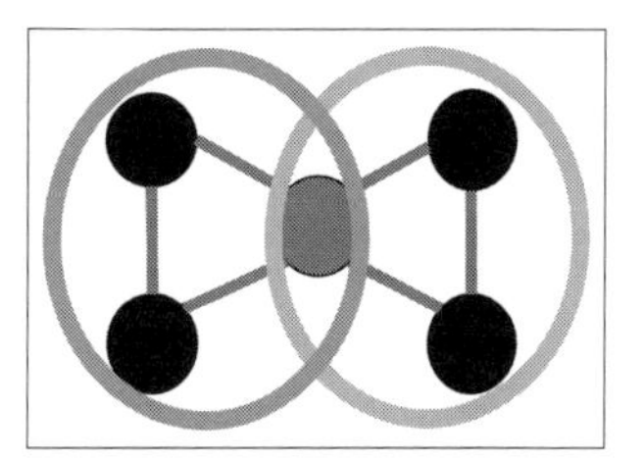

私は「三角形と角」の学習の中核的な内容を「辺の長さに着目して観察し，同じとみる」ことと設定しました。同じ仲間とみるためには，同じではない図形との対比が効果的です。三角形を観察したとき，初めは感覚的に正三角形を「きれいな三角形」として同じ仲間にみる子どもがいるでしょう。このとき，正三角形だけをみていても「きれいな三角形」という捉え方は変わりません。そこできれいではない三角形と比較するような活動を位置付けます。すると子どもは自分がきれいだと感じる三角形ときれいではないと感じる三角形の違いに目を向け，「辺の長さが全て等しいかどうかが違いだ」とその違いを明らかにしていきます。「Aと同じ（A）」と「Aと同じではない（non A）」の境界を明らかにすることこそ大切にしたい部分であり，その境界に中核的な内容が位置付くイメージで授業を構想していきます。

(2)「三角形と角」の指導のポイント

2学年の図形の学習では，「直角」という視点から三角形や四角形の考察が行われてきています。

本単元は三角形について，「辺の長さ」に着目した考察を行う単元です。

ただし，教師が一方的に「辺の長さをみましょう」「仲間分けしましょう」と投げ掛けても，子どもは仲間分けする必要感をもてません。大事なことは，子ども自身が三角形を仲間分けしたいという主体性を発揮することです。そこで，仲間をつくる必要感が生じる場面を吟味し設定します。

本単元では，図形をカードにし，カードゲームの活動に取り組ませます。そのとき，神経衰弱のようにペアや仲間が必要になる文脈を設定し，合同でない三角形をどのようにして同じ仲間とみていくかを追究していくことを構想しました。さらに，仲間を増やすためには自分たちで仲間の図形を増やしていくストーリーで作図の学習に展開していきます。

図形のカードゲームを単元で貫くことで，子どもに必然性のある学びの文脈をつくることができると考えました。

単元計画（全11時間）

1次　二等辺三角形と正三角形　2時間
2次　三角形のかき方　4時間
3次　三角形と角　4時間
4次　学びを生かそう　1時間

(3) パフォーマンス評価

時間	問　題	期待する子どもの姿
2	辺に色がついていない三角形は，どの仲間？	見た目は等しく見えたけど，辺の長さを調べると少しずつ違う長さだった。だから，二等辺三角形でも，正三角形でもない三角形の仲間といえる。
8	二等辺三角形と正三角形ってどんな関係？	正三角形も，二等辺三角形と同じ仲間とみることができる。だって，二等辺三角形の底辺の長さを変えていったときに，全ての辺が等しくなった特別な二等辺三角形だから。

(4) 授業の実際

①仲間分け（2時間目）

〈ねらい〉

同じ仲間とみることができる三角形を考える活動を通して，正三角形や二等辺三角形を理解する。

〈実際〉

❶神経衰弱をしよう

前の時間に，いろいろな長さのストローを使って三角形を作ります。そのとき作った三角形の中から，次の8種類の三角形を厚紙に作図しておきます。

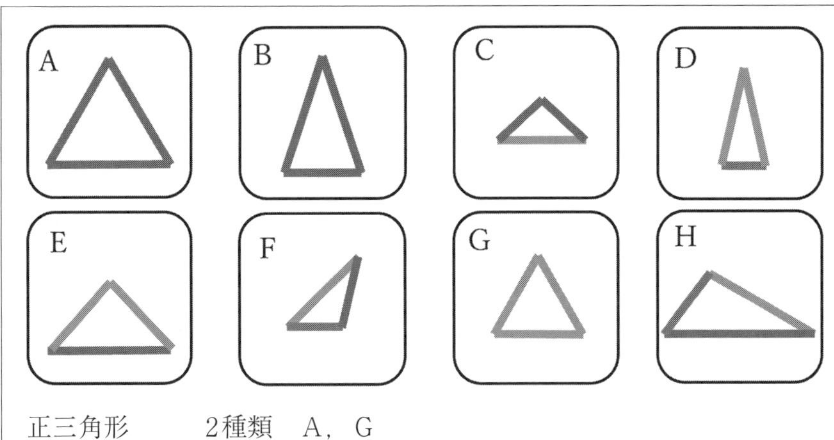

正三角形　　2種類　A，G

二等辺三角形　4種類　B，C，D，E

一般三角形　　2種類　F，H

長さごとに辺の色を分ける。（20cm:赤，16cm:青，12cm:緑，10cm:桃）

黒板に8枚の三角形カードを裏返しにして貼っていきます。そして，「みんなで神経衰弱をしよう」と投げ掛けます。子どもは大盛り上がりです。

はじめにルールを確認します。教師が1枚めくり（意図的に辺が“赤赤赤”の正三角形Aを選択），次にどんな形が出たら，ペアになるか問います。

「同じ形のカードが出たら取れるんだよ。トランプのときは同じ数字だった」「じゃあ，全部赤のストローでできた図形だ」

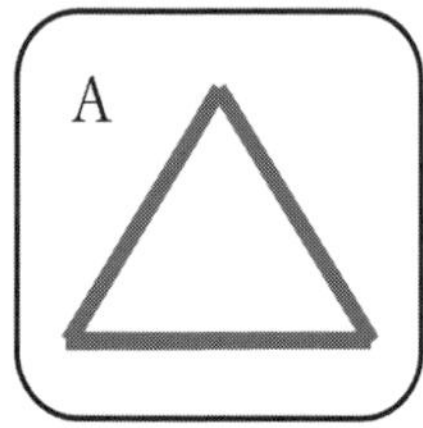

“同じ形”をペアにすることが確認できたところで，問題を黒板に書き，ゲーム開始です。

「さぁ，運試し。ペアになるカードを引いてみよう」

1人指名してめくらせます。このときは，辺が赤赤緑の三角形が出ました。

「あぁ。残念」「おしい」

子どもは可愛いですね。時間があれば，「おしい」と呟いた理由などを重ねてみると，図形の構成要素を話題にしていけるかもしれません。

その後も何人か指名し，カードを選ばせます。しかし，なかなか同じ形が出てきません。当然ですね。“同じ形”がないんですから。でもそれは教師だけがわかっている話です。

❷ペアはどのカード？

さて，何度か繰り返していくと，教室がざわざわしてきます。

「先生。本当に同じカードがあるの？」

と，子どもが疑問に感じたそのタイミングで，カードを全てひっくり返して確認させます。

「同じ形がないじゃん。これじゃあ神経衰弱ができないよ」

子どもたちから総ツッコミを受けます。

「カードの用意を間違えちゃったかな。困ったな」

教師が困った場面を強調します。そして，

「だったら，“同じ仲間”はペアにしたらいいよ」

このような“同じとみる”視点を，子どもがもちだしてくるのを待つのです。

C：先生，だったら，AのペアはG（緑緑緑の三角形）にしたらいいんじゃないですか。

T：皆さん。○○さんはどうして，全然形が違うAとGの三角形をペアにしたらいいって言っているんだろうね。

C：気持ち，わかるよ。全部同じ色だから，ペアにしていいって言ってるんじゃないかな。
C：大きさは違うけど，同じ形だよね。ストローの色が同じだと長さが同じだから。
C：トランプも，マークが違っても数字が一緒ならペアでしょ。それと同じで，大きさは違っても形が一緒ならペア。

こうして，辺の長さ（色）に着目して仲間分けするアイディアを共有していきます。授業の導入で，子どもと一緒に作り，黒板に書いた問題「同じ形のペアを探そう」も，「同じ仲間の形のペアを探そう」と修正します。

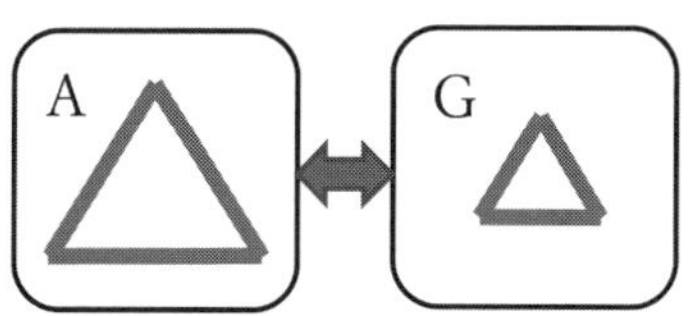

すると，子どもは「だったら他の形も仲間分けできる」と見通しをもちます。

ポイント
「異なるもの」と見えていたものが「同じもの」に見えるとき，ものの捉え方の変換が起きます。このような捉え方の変換は算数の学習においてとても重要です。この変換を，なるべく多くの子どもに経験させたいものです。例えば，挙手している子どもや先に気付いた子どもの発言だけで進めてしまうと，一部の子どもしか経験できません。そこで，上述のように一部の子どもの発言を，「全然違う形」と強調しながら全体に問い返します。

❸Bとのペアは？

「でも，もしB（赤赤緑）を引いたら，ペアはどうするの？」

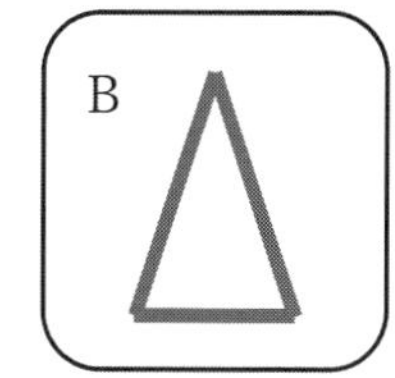

このような声を受けて，AとG以外の三角形がどのような仲間とみることができるか考えます。

図形の学習は，「ある観点で仲間分けすること」が中核的な内容です。本時の学習でいえば，「辺の長さの観点で仲間分けすること」が本質的な内容にあたります。

C：DとFはBのペアでいいんじゃない。
C：どれも背が高い三角形だ。

T：じゃあCのペアになる三角形はどれかな。
C：背が低い三角形がCの仲間じゃない。
C：でもDも横にすれば背が低くなる。
C：だったら，背の高さじゃ決められないね。

子どもは一度，高さという観点で，それぞれの図形を仲間分けします。

この活動に意味を感じられないかもしれませんが，教師が「ある観点で仲間分けする」という中核的な内容を意識できていると，「高さを観点にして仲間分けする」子どもの姿も価値ある姿と捉えられるようになります。

しかし，図形を回転させてみると，高さという観点での仲間分けが曖昧になることがわかります。そして誰もが納得できる，新しい仲間分けの観点が必要になるのです。このような過程を経て，少しずつ子どもは論理的に考えることができるようになっていきます。

C：さっき，全部同じ色でできた三角形を仲間にしたでしょ。じゃあ，2つ同じ色を使っている三角形を仲間にしたらどう？
C：長さが同じストローが2つある。きれいな山の形になるね。
C：同じ色が2本。違う色が1本。Bと仲間になるのは，CとDとEだね。
T：その分け方なら，三角形を横にしても大丈夫かな。
C：じゃあFとHは全部長さが違う三角形の仲間だ。
C：辺が3色になっている。長さが全部違うからだ。

ストローの色を観点にして仲間分けするアイディアから，辺の長さに着目させていきます。先ほどのように三角形を回転させても変わらない，みんなが納得のいくルールが作られます。

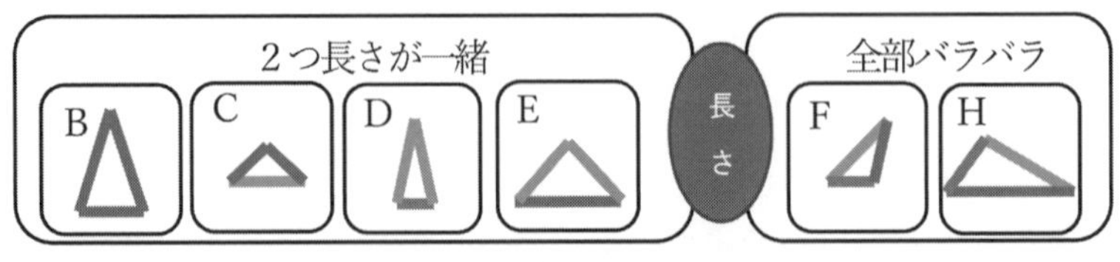

❹神経衰弱をしよう

そこでグループで神経衰弱をして遊ぶこととします。グループに黒板と同じ三角形カードを配ります。この時，右のような，全ての辺が黒色の三角形を2つ混ぜておきます。Iは二等辺三角形ですが，これまでの三角形と異なり，等しい辺を底辺と右斜辺に位置付けています。Jは正三角形ですが，斜めに傾いています。

黒板で確認した8枚のカードとこっそり混ぜた2枚のカードを合わせた10枚のカードを配り，各グループで神経衰弱を始めます。子どもは，カードをめくるたびに，黒板を見たりグループの友達と相談したりしながら，ペアになるかどうかを確認します。この一つ一つが観点を定めて仲間とみる思考を働かせていることになります。しばらくすると，想定通り黒い三角形をどの仲間とするかで意見が分かれるグループが出てきます。

T：黒い三角形をどのペアにするかで意見が分かれているみたいだね。どのグループに入れたらよいでしょう。

C：全部同じ色だから，全部同じグループでしょ。
C：いや長さは違うでしょ。私は辺の長さを測ったら，下と右は同じだけど，左はちょっと長い。
T：辺の色で判断したときと，辺の長さで判断したときとでは，ペアが変わっちゃうってことだね。

どの分け方が正しいかというより，何を観点に判断したのかを明らかにし，観点が変わると仲間が変わることを共有することが話し合いのポイントです。

最終的には，辺の長さを観点に仲間分けし，3つの辺が等しい三角形を正三角形，2つの辺が等しい三角形を二等辺三角形ということを教えます。

❺パフォーマンス評価

ゲーム後，最後にKの図形を出し，どの仲間といえるかとその理由を問います。見た目は正三角形や二等辺三角形に見えますが，正しく長さを測ると1cm違いの3辺不等の三角形です。見た目や辺の色ではなく，「辺の長さに着目して観察し，同じと見る」ことができているかが，パフォーマンス評価の視点となります。

さて，黒い三角形を入れてゲームをしていると，二等辺三角形や正三角形が奇数枚になり，1枚ずつ余ることになります。私が「4枚ずつ用意すればよかったなぁ」なんてぼやいていると，「ドジだなぁ。じゃあ僕たちが作るよ」と頼もしい子どもたち。困った場面が，また子どもの“問い”へとつながります。次の時間以降の作図の必要感が生まれる活動にもなります。

> ポイント
> ・「同じ形がない」と困る →「同じ仲間になる形を探そう」
> ・「図形が足りない」と困る →「自分たちで作っちゃおう」
> 困った場面を子どもと共有すると，子ども自身がそれを乗り越えるアイディアを出してきます。教師が想定した道を歩くのではなく，自分が決めた道を追究できるという経験の積み重ねが，主体的に学ぶ学級の雰囲気をつくっていきます。

03 4年「分数」

(1) 中核的な内容

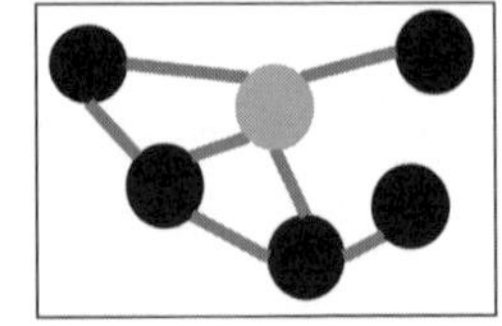

単元を構想するとき，まず中核的な内容を設定することが大切です。この設定が曖昧だと，1時間1時間の学習が個別的な内容でとどまり，子どもに本質的な理解を促すことができないからです。

私は「分数」の学習の中核的な内容を「基準となる1を揃える」ことと設定し

ます。そして，単元内で学習する様々な個別的な内容を，中核的な内容をコアとして関係付けていくことで，資質・能力を育成していこうと考えます。

(2)「分数」の指導のポイント

2年生で学習する分割分数と3，4年生で学習する量分数の大きな違いは，基準となる1を任意に定めているか，1mのようにあらかじめ定められているかです。この意味の違いを理解し，状況に応じて使い分けることは非常に難しいことです。

本単元で，「基準となる1を揃える」ことを中核的な内容として定めたのは，このような困難さを乗り越える力を育成したいからです。例えば，3/6と3/4の大小比較の際に，ノートのマス目を利用して，下図のようにかき，「同じ大きさだ」と判断する子どもがいます。また，3/4mと2/4mの長さのテープを合わせるときに，5/8mと答える子どもがいます。3年時の既有から「分母はたさずに分子だけをたす」というパターンで，

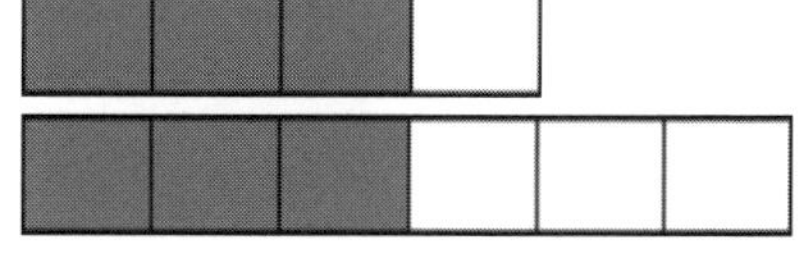

正しく5/4mと導ける子どもでも，「どうして5/8mと言ってはいけないか」という理由については明確に説明できません。これも，両辺で基準となる1の大きさを揃えなければならないという理解が弱いからです。基準となる1を自覚的に揃えられる子どもは，このような誤りも修正できるばかりか，今後学習する異分母分数を含む計算や割合などの課題解決にも既有を生かすことができるようになります。さらには，中核的な内容に課題を焦点化することができれば，対話を通して1を揃えることに関わる多様な視点を出し合い，主体的・対話的に分数の学びを深めていけると考えます。

単元計画（全9時間）

1次	1より大きい分数	3時間
2次	分数の大きさ	1時間
3次	分数のたし算とひき算	4時間
4次	学びを生かそう	1時間

(3) パフォーマンス評価

単元の中で，次の学習指場面を，中核的な内容を捉えることをねらう時間とします。このとき，パフォーマンス評価を位置付け，中核的な内容に対する習得の実態を把握します。そしてその後の指導計画の改善に生かします。

時間	問　題	期待する子どもの姿
1	2mのリボンから，2/3mを切り取るとき，どこで切ればよいか。それはどうしてか。	1mを基にして1/3mの2つ分が2/3mであることを説明する。基にする大きさを2mとすると，2mの2/3に当たる長さは，4/3mであると修正できる。
4	3/6mと3/5mは，どちらが大きいかについて，どのように説明するか。	単位分数の大きさ（1/6と1/5）を揃えると大きさが合わなくなる。全体の1mの大きさを揃えてからそれを等分して単位分数を定め，大きさを比較する。
6	2/4 + 3/4 = 5/8は，何が問題で，どのように修正するか。	1を基にした計算だったのに，答えは2を基にしている。全て1を4等分した1/4を使って考えればよい。

(4) 授業の実際

①分数で表す（1時間目）

〈ねらい〉

全体の1の大きさを根拠に，解決方法を修正したり分類したりする。

〈実際〉

3年生までに子どもは分割分数と量分数について学習し，それぞれの学習場面で，その意味を説明できるようになっています。しかし，その二つの意味を混同しており，その違いについて考えたり説明したりする学習経験は，あまりありません。

❶1/3mはどこ？

2m

1時間目は，まず2mの長さのテープを黒板に提示するところから始めます。その後，「□/3ｍに色を塗ろう」と問い掛け，問題として板書します。紙テープを2ｍにしたのは，子どもに既有であり無自覚な割合と量の二つの分数の捉えを引き出すためです。また，問題を□にしたのは，あてはめる数に自由度をもたせることで，他の場面について範囲を広げて発展的に考えやすくするためです。

子どもは，「□の中の数字がわからないと，このままでは解けません」と□の中の数字に関心をもちます。そこで，□に1を代入し，「まずは□が1のとき（1/3ｍのとき）を考えてみよう」と投げ掛けます。そして，テープの端からゆっくり指を動かしながら，「1/3ｍだと思うところで手を挙げてね」と指示をします。

子どもが手を挙げるところは，大きく二つに分かれます。そして，自分とは異なる考えに「どうして？」と疑問をもち始めます。そこで，Bで手を挙げた子どもの考えを取り上げ，その理由を問います。

私のクラスでは次のように子どもが発言しました。

T：どうして，ここ（Bの箇所）が1/3ｍだと思ったのでしょう。
C：だって，1/3ｍだから，3つに分けているから。
C：3つはそうなんですけど，3つに等しく分けているからです。
C：等しくないと分数にできないよ。
C：3等分した1つ分だから，みんなここだと考えたと思います。

子どもは，1/3ｍを「3等分した1つ分」のように割合として説明をします。

このように曖昧な根拠で理解が不十分な子どもに，次のように問います。

「では，その考えで他の場面を考えてみよう。□が2（2/3ｍ）だったら，このテープのどこになるかな」

大人から見ると誤った方法ですが，子どもはそのことに気付いていません。

こうした場合，その方法を複数の場面に適用させることで，子ども自身に方法が誤っていることを気付かせることができます。

ポイント
正解と間違いが子どもから表出したとき，そこで議論をさせると正解か不正解かの二項対立の議論になりやすいです。そしてどうしても正解の論理が優位になりやすくなります。大切なことは，なぜそれが間違いになるのか，間違いの論理を見つけることです。そして，間違いの論理を修正していくことです。その時「中核的な内容」が話題になるように構想しておくことで，子ども自身が学びを深めていきます。

❷問題を焦点化する

そこで次のように問います。

「この考えだと，2/3mはどこになりますか」

子どもがC（テープの2/3）の場所を指し示したところで，その理由を問います。子どもは，1/3mのときの説明を適用させて，「3等分した2つ分だから」と説明します。そして「だったら，この先もわかるよ」と先を考え始めます。

T：ではその考えで□が3（3/3m）だったら，テープのどこになるかな。
C：それは全部だよ。はしからはしまでだから全部。
C：（テープを指し示しながら）1/3m，2/3mだから，3/3mはここ（一番右端）です。
C：3/3は3等分した3つ分だから，つまり1ということ。
C：あれ，ちょっと待ってください。なんかおかしくないですか。
C：3/3mは1m。でも1mのところが2mになっていて合っていない。

子どもは全体の長さが2mと1mで異なることに気付き，1/3mや2/3mの判断の基にしていた基準量が間違っていたという間違いの論理を理解します。そして，考え方を修正することに問題を焦点化していきます。

❸修正の仕方を考えよう

「どこを修正すれば，ぴったり合うようになるかな」

2mと1m（3/3m）が同じ場所になり，合わなくなることを感じている子どもに問います。一度取り組んで得た結果を修正する思考を促すためです。

子どもは「1mならすぐわかる」と，2mのテープの真ん中を指します。

教師は子どもの言う通り，1mの場所を修正して黒板に書いてみせます。

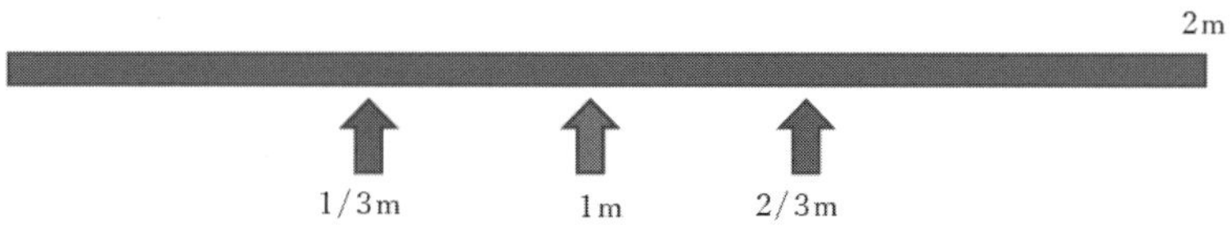

子どもはテープ図に示された量が，左から1/3m，1m，2/3mの順序になっているのがおかしいということに気付きます。

さらに修正する必要性を感じている子どもと「このままではおかしいね。では，1/3mや2/3mはどこを修正すればぴったり合うようになるのか」と課題を確認します。

子どもは，初めのAの場所を指し示します。そこで，「どうしてここが1/3mだと思うのか？」と問い返します。子どもは，「3等分した1つ分」と説明ます。この場面では「基準となる1を揃える」という中核的な内容に意識を向けるために，次のように問います。

T：あれ，3等分した1つ分って，さっき（Bの場所のとき）も同じ理由だったよね。だったらここ（Bの場所）が1/3じゃないの？
C：違うよ先生。さっきは全体の2mを3等分した1つ分。今回は1mを3等分した1つ分。
C：だから，2mの1/3がここ。1mの1/3がここっていうこと。
C：じゃあ，1/3mじゃわからないってことじゃん。「2mの」とか「1mの」とかつけないと，何を基にしているかわからない。

こうして，子どもは何を基準となる1とするかに着目しながら，量の表現の違いを明らかにします。

1/3mが確定すると，子どもは2/3mの修正にもすぐに取り組みます。

「1mを基にして，1mを3等分した2つ分だからここが2/3m」

「1/3mの2つ分が2/3mだから，同じ長さ分とって，ここが2/3m」

全体量とともに単位分数にも着目し始めて，2/3mの量を修正することができます。

> **ポイント**
> 算数の授業は，結果的に1つの正解に落とし込みがちです。今回の授業でいえば，「1/3mはここでした」と。しかし，大切にしたいのは，正解と間違いの境界を説明できることです。そこを意識するなら，「○○と捉えればこっちが正解。△△と捉えればあっちが正解」と説明している姿を価値付けたいものです。

❹パフォーマンス評価

1/3m，2/3m，1mと長さを修正できた子どもは，1m以上の長さについても関心を向けます。「C（もともと2/3mだと考えていた長さ）は何mといえばよいのかな」と問います。子どもは，①1mと1/3m，②4/3mと，二つの表現をもちだします。

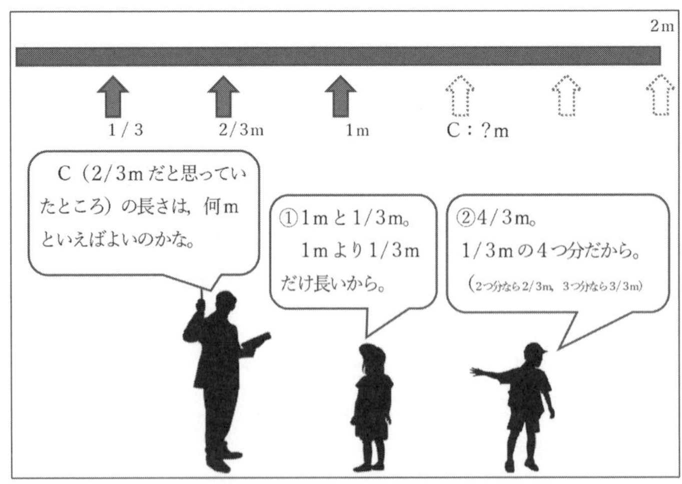

そこで，どうしてそのように表現することができるか説明する時間を設定します。この説明をパフォーマンスとして評価します。

子どもは例えば，①1m＋1/3m，②1/3×4等，式を用いて説明します。方法は違っても，基準を1mにしていることを自覚し，単位分数に着目して説明しているところを評価ポイントとします。中核的な内容の理解が高まった子どもは，①を3/3mと1/3mと捉えれば1/3が4つ分とも捉えられるし，②を1/3の3つ分（1m）と1/3mと捉えれば1mと1/3mと捉えられると，二つの考えを統合的に捉える姿も見られました。

こうして，「基準となる1を揃える」ことで，子どもの中にある二つの分数の意味の違いを明らかにすることができました。そして，全体量1mを基にして見いだした単位分数に着目させ，1mを超える分数の表現を子ども自身が考えることができました。

②分数の大きさ比べ（4時間目）

〈ねらい〉

単位分数の大きさで比較したり，比較しやすい分数に置き換えたりして，分数の大小比較の方法を図を用いて確かめる。

〈実際〉

❶大きさ比べをしよう

分数が書かれたカードが複数入っている袋から，4/6，3/6，3/4を取り出し，「大きさを比べよう」と問題を提示します。そして，「どれとどれなら簡単に比べられますか」と問います。子どもに問題条件を選択させることで，実態に応じた適度な負担感のある課題を設定するためです。

子どもが4/6と3/6の2つが比べやすいと答えます。ここで，理由を問い返し，分母の大きさが揃っていることを確認しておきます。

そこで，まず4/6と3/6の大きさを比べることを集団の課題に設定した上で，どちらが大きいか確かめる方法を問います。そして，自分の表現しやすい図をかいて，大きさを確かめるよう指示をします。

子どもは，円の図，テープ図，リットルます図等，様々な図を用いて大きさを確かめます。これまでの学習で扱った長さやかさなど様々な量を表す問題場面をそれぞれイメージしているためです。

その中からテープ図を使った子どもを取り上げて黒板にかかせ，比べ方を共有させます（図1）。テープ図にするのは，次の比較で問いを引き出すための布石です。

図1

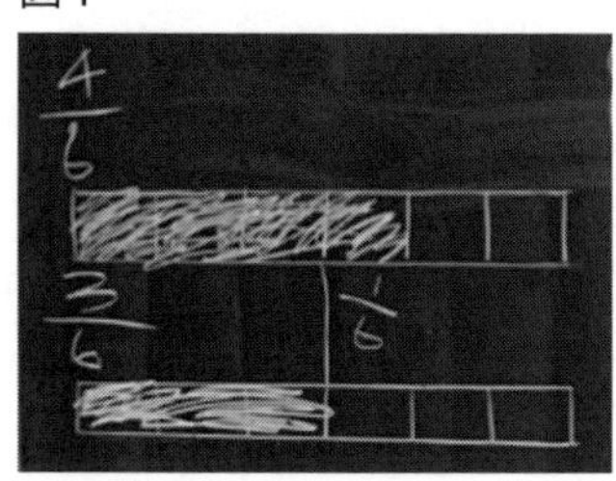

こうして，4/6の方が大きいことを全員で確認したところで，次のように問います。

「どこを見たら大きさが比べられますか」

課題のまとめとして，分母が同じときは分子の大きさで比べられることを共有し，板書します。

その後，「次に比べやすそうなのはどれとどれですか」と問います。多くの子どもが，3/6と3/4を選びます。

2つの分数を選択した理由が，「分子が同じ分数」ということを確認するとともに，同分母の分数のときより迷いや難しさを感じていることを共有します。

結果の予想を尋ねると，3/6が大きいと判断する子どもも，3/4が大きいと判断する子どもも，両方いることが確認できます。そこで，「3/6と3/4の大きさを比べる」という共通の課題を設定します。解決方法を問うと，1問目と同じように図をかくと確かめられそうだという見通しをもっている発言が多くあります。そこで，図をかいて確かめることを指示し，一人一人ノートで確かめる時間を設定します。

図2はある子どもがリットルますの図をかき，その大きさを確かめたノートです。高さを比べることで3/4が大きいと判断するとともに，単位分数の大きさが違うことを理由として説明しています。これまでに学習した，「単位分数のいくつ分」という考えを活用している姿です。

図2

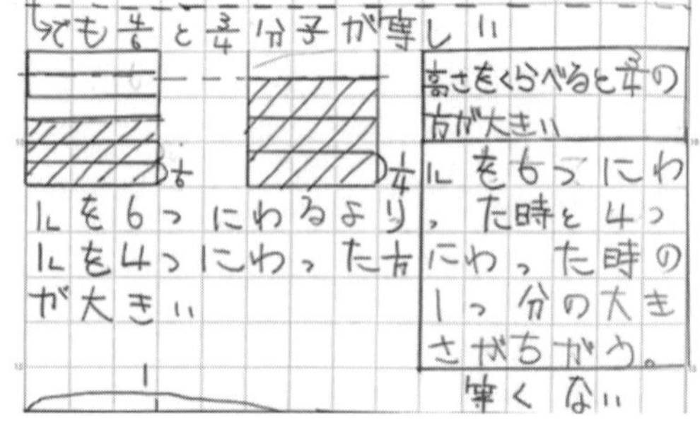

しかし，「単位分数のいくつ分」という考え方を誤って用いる子どもも少なからずいます。例えば，図3，図4のような図をかいている子どもです。

図3

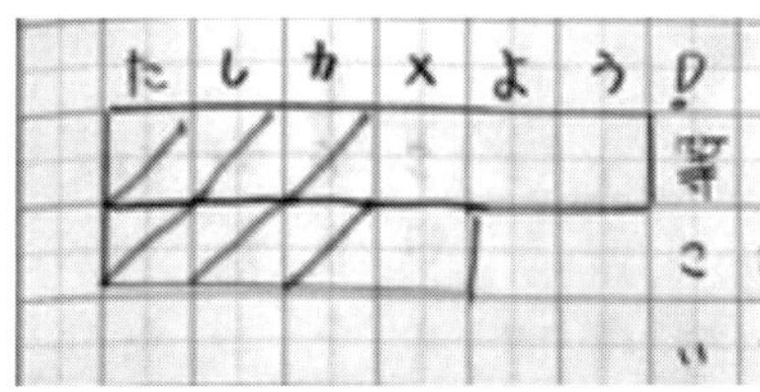

図4

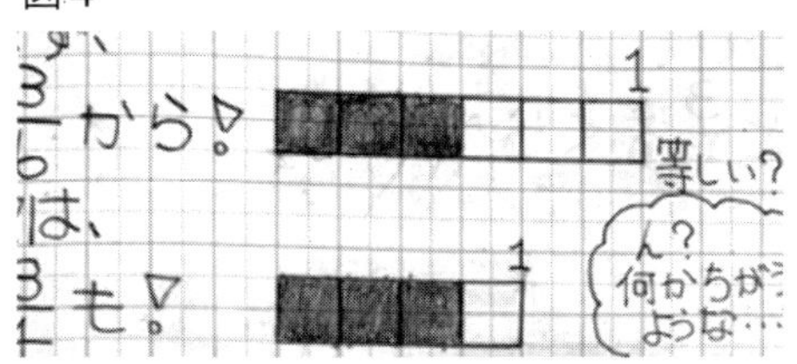

これは，授業前から想定していた通り，「全体量の1を揃える」ことに意識が向いておらず，分割分数と量分数の意味を混在して活用している子どもの姿です。この子どもだけでなく，正しく図がかけていても，「全体量の1を揃える」ことを自覚的に行っている子どもや，その理由を理解している子どもは，多くありません。

図5

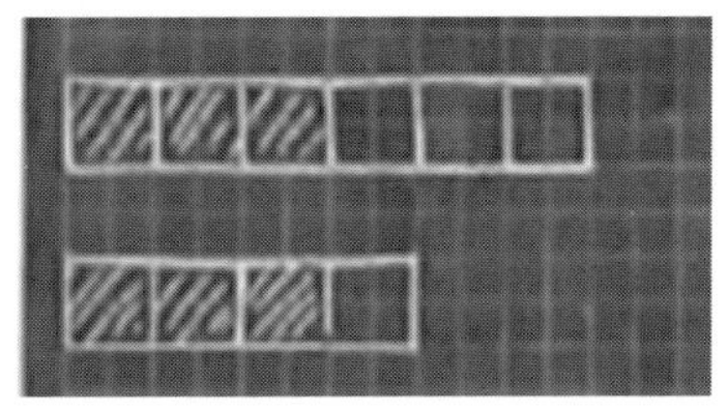

そこで，方眼の黒板を用意し，この誤った考えを私から提示します（図5)。そして，次のように問います。

T：このような図をかいた人が何人かいました。こういうふうに図をかいた人の気持ちはわかる？
C：気持ちはわかりますよ。
C：最初（4/6と3/6の比較）はこれでわかったから，今回もこれでわかるだろうと思ったんじゃないかな。
T：確かに。さっきの（図1）は，定規まで使って，ここと ここを揃えて，マスを使ってかいてましたよね。だから今回の図（図5）も，ほら，揃えている。
C：でも今回は違う。
C：もう1つ揃えるところがある。
C：このままじゃだめ。

このように，図をかいた子どもの根拠が，単位分数の大きさを1マスに揃えようとしているということを理解した上で，修正の必要性を子どもが訴え始めます。修正が必要だと感じていても，判断に悩んでいる子どもも複数見られます。そこで，修正が必要だと考える理由を問い，学級で相談し合う時間をとります。自他の判断を交流することで，修正の必要性を確かにもたせるためです。

C：例えば3/6mってつけるとしたら，1mを6に分けたうちの3つになりますよね。そしたら3/4も，同じ長さで1mを分けたうちの3/4っていうふうに揃えないといけないので，あれは揃えていないから違うと思います。
C：等しくはないと思う。分母のどれくらいを占めているかで変わるんじゃないかな。まず3/6は6つ中の3つじゃないですか。次に3/4は4つ中の3つだから，6つ中の3つより4つ中の3つの方が1つ多く占めているから違うと思います。

ペアの確認が終わった後，学級全体でも理由を改めて問い，確認しました。

C：さっきの4/6と3/6を比べようの図は，どっちも分母が6だから，1mを6等分した数だから，ここの部分（単位分数）は等しくていいんですけど，今回の3/6と3/4のこの図は，分母が同じじゃないので，分けた数が違うので，そうすると分けた数の1つ分の数が違ってくるので，これは1mを分けていて，これは1mじゃない数で分けているので，そこが違うんじゃないかなと思います。
T：1mなのと1mじゃないのがあるってこと。
C：前回学習した時は，3/3と4/4は1になって同じっていうのをやりましたよね。でも，今の図は，4/4と6/6がずれていて，1の長さが同じになっていないので，だから間違っていると思います。

こうして，全体量の1の長さが二つの図で揃っていないことが，図の問題点であることを全員で確認することができます。そこで，どうすれば解決できるかを問い，1が揃っていない図を，1が揃うようにどのように図を修正して比べるかに課題を焦点化します。

❷修正の仕方を考えよう

課題を焦点化したところで，グループで考えを話し合う場を設定します。

図の修正方法は様々あり，一人一人がイメージしている修正方法は異なります。その異なる方法や背景を解釈したり，よりよい解決のために関連付けたり，組み合わせたりするためにグループで話し合います。

次は実際の授業で見られた話し合いの記録です。

C：1を揃えるためには，例えば6/6で揃えるなら，あの場所を，4までぐいっともってきて，そこで4等分しないといけない。
C：3/4を揃えるには，6/6を縮めなきゃいけないから，ちょっと難しい。なので3/4よりも長い3/6に揃えた方がいい。
　私だったら，1/6と1/4を基準にして，すると1/4の方が大きいからそれを3こ合わせて比べればいい。
C：みんなと一緒で，短い方に合わせるのは縮めないといけない。長い方を縮めて，小さい方も縮めなきゃいけない。やっぱり大きい方をあてはめて縮めるといい。
（それぞれ，図をかく）
C：なんか……，うまく分けられない……。
C：こんな感じに分けると，1/4の1と1/6の1が違うじゃないですか。それを3つやったら，当たり前にずれるので，違うようになると思う。
C：これだったら3/6って半分じゃないですか。3/4ってこれじゃないですか。3/6は半分だけど，3/4はほとんどこのテープを占めているので，3/4の方が大きい。
C：ん～，まだかけない
C：どうやって分けた？
C：どうやって分けた……。○○さんのやり方の方がいいと思う。
C：ここの間（0と半分の間）がわからない。
C：勘でやった。
C：○○さんのやり方だったら，ノートの全部を使って，マス目通りになるから。
C：あ～あ。
C：その方がいいかもしれない。
C：12……。
C：あっ，これ12マスだ。
（マスを数える）
C：12マスでやった方がいい，12マスで……。

グループになって話し始めた時は，それぞれが自分の思い浮かべていた修正方法を順番に発表的に伝えているだけです。

話合い中盤の「どうやって分けた」という発言から，話合いの様相は変わります。順番は意識されなくなり，発話量も短く即興的になっています。全体量の1を長い図で揃えたときに，ノートのマス目ではうまく4等分ができないことを疑問に思った発言によって，「勘でやった」とうまく処理できていないことを自覚します。そして，ノート全体を使って大きく図をかけばマス目を使ってうまく分けられると考えます。しかし，ノートを全部使っているわけではなく，意図的に12マスにしているという考えの背景を知ることで，自分のノートのマスの数を数え，「12マスがいい」と考えを調整して，これまで「勘でやった」と表現せざるを得なかった不確実な操作を，正確な操作に変えていくことができたことは，対話を通して学びを深めた姿であるといえます。グループの話合いの後，「どのように1を揃えて比べたか」と焦点化した課題の結論を問います。グループの話合いを経てつくられた考えを共有させます。

子どもは，図6をかき，次のように説明します。

このようにかくと，これで1が揃いました。

この図を見ると，3/6より，3/4の方が大きいことがわかります。

図6

この説明について，正確に等分できているか確認します。図を基に，等分する数によって単位分数の大きさが変わることや，分母が違っても同じ大きさを表す分数があることに目を向けさせ，大小比較に活用できることを引き出すためです。

子どもは図の下に図をかき足し（図7），次のように説明をします。

C：3/6は6/12ということもできますよね。どちらも半分と見れば，同じっていうのはわかります？

C：ここ（半分の場所）っていうのは，6/12でもあり，3/6でもありますよね。

C：ほう，面白い。
T：どこが面白い？
C：6等分というのが12等分ともつながる。
　さっき話していた3/6（図6）とつながること。

図7

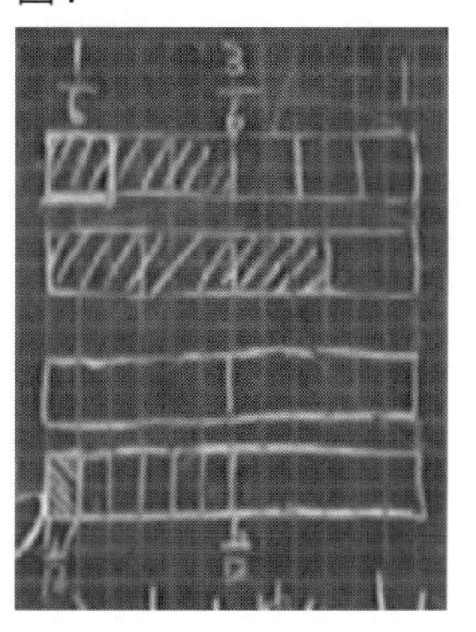

　このような話合いを通して，3/6は6/12，3/4は9/12と言い換えられるという考えが共有されます。そこで

「（このような言い換えが）3/6と3/4の大きさを比べることと関係がありますか」と問います。子どもは「（最初の問題は）分子の数を見れば比べられた。だから，今回の問題も分母が同じになるようにすれば，比べるときに使えるようになる」と発言しました。子どもは最初，正確な等分を行うために12 等分するという公倍数の考えをもち出しましたが，最終的には同分母分数の比較方法に帰着させて考えることにつなげました。

❸パフォーマンス評価

　最後に1を揃えて図にかくこと，分母が同じになるように大きさの同じ分数に変身させることの2点を課題の結論としたところで，「封筒からどんな数が出てきても，この方法で比べられますか」と問い，２枚のカードを引きます（このときは，3/5と3/10）。そして，どちらが大きいか説明をかかせます。

（3/5を6/10に変える）
　分子と分母に同じ数をかければ，同じ大きさの分数になる。
　3/10＜6/10だから3/5の方が大きい。なんでそうなるのかというと（10マスで3/5と6/10が同じ大きさになることを図で説明）。

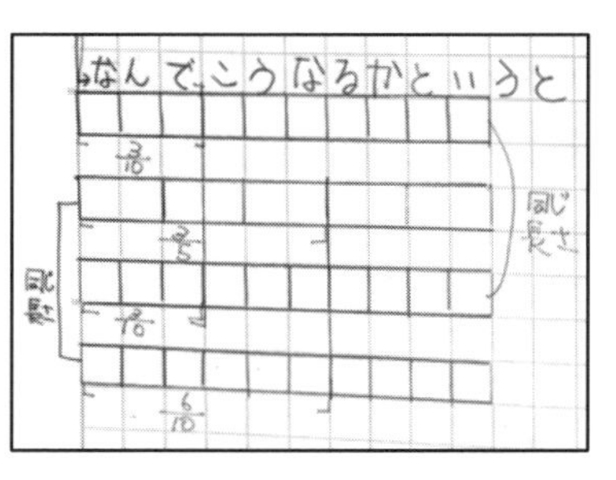

子どもが，「基準となる1を揃えて」図をかき，さらに，単位となる分数が同じ大きさになることを，図を用いて説明することを評価します。

単元導入で1を意識することを確認したのに，5時間目でもまだこのようなミスが出るのですか，という疑問を投げ掛けられることがありますが，その通りです。子どもは，一度指導すれば全てを理解するわけではありません。繰り返し気付いたり使ったりすることで，徐々に習得していくのです。

だからこそ，大切なことを中核的な内容に据え，単元内の要所でこのように繰り返し強調する授業が必要なのです。

04 4年「面積」

(1) 中核的な内容

「面積」は図形領域の内容ですが，測定の学習も含んでいます。測定は，長さやかさ，重さ等，共通して「単位を定め，そのいくつ分で数値化する」ことを学んでいます。例えば，長さは1cmのいくつ分として数値化して表すことを学びます。その中で，もっと長いものを数値化するときには1mや1kmなどの適切な単位を選んで数値化することを学んでいきます。面積の学習を，「単位を定める」ことに設定すれば，測定の学習としての価値を大事にすることができるでしょう。

一方で，図形という学習を視点において面積を考えてみます。面積を通して学んでいるのは「構造に着目し，既習の図形と同じと捉え直す」ことといえます。例えば，複合図形の面積について考える場面では，複数の長方形や正方形が組み合わさってできた図形であるという構造に着目し，「同じと捉え直す」という学び方を学ぶ場面と考えます。5学年では平行四辺形や台形を，6学年では円を，三角形が組み合わさってできた図形であるという構造に着目することで「同じと捉え直す」ことができます。「既習の図形と同じと捉え直す」ことは，図形の学習において重要な内容といえるでしょう。

(2)「面積」の指導のポイント

面積の求め方を指導する単元だと考えると，そんなに難しい学習にはみえません。しかし，大人からみると簡単にみえている内容には，意外と抜け落ちている内容があるものです。早くに「縦×横」という公式を学習し，単元中盤から後半にかけて，公式を用いて面積を求めるという流れでも，教科書に載っているような面積の問題は解決できます。しかし，このような子どもが5年生になったとき，平行四辺形や台形，不等辺の四角形に出合ったとき，面積を求めるための問題解決に取り組めるかというと，そうとはいえません。「どうやって求めるの？」と公式を欲するでしょう。

公式にあてはめて計算を繰り返すだけの学習ではなく，子どもが測定の内容や図形の内容に没入していく展開を構想する必要があります。

単元計画（全10時間）

1次	面積	3時間
2次	長方形と正方形の面積	3時間
3次	大きい面積の単位	2時間
4次	面積の単位の関係	1時間
5次	学びを生かそう	1時間

(3) パフォーマンス評価

時間	問　題	期待する子どもの姿
1	周りの長さが同じ長方形は，全て同じ面積か？	単位を定めてそのいくつ分かで広さを数値化できることを基に広さを比べ，1cm^2のいくつ分にする。
8	2つの長方形を組み合わせてできる図形の面積を求める。	面積の等しい複合図形は，同じ長方形を組み合わせることでできている。

(4) 授業の実際

①複合図形の面積を求める（6時間目）

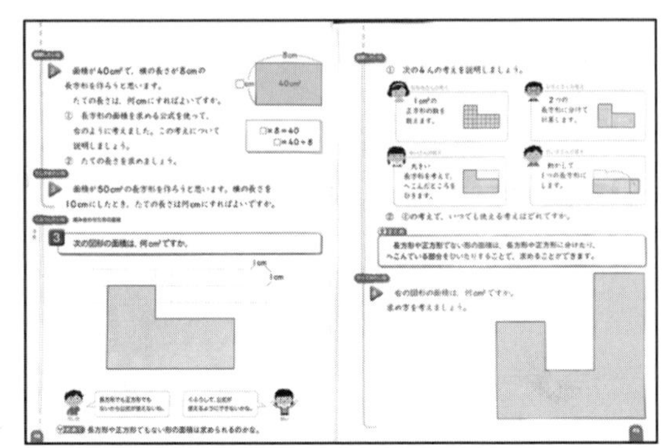

教科書で提示されている図形は，L字型の図形と練習用（評価用）の別の複合図形が一般的です。子どもはL字型の面積の求め方を複数説明したり理解したりし，その方法を練習用の複合図形で適用することで求め方を習得していきます。

この展開は複合図形の面積の求め方を習得することはできますが，中核的な内容である「視点を決めて観察し，既習の図形と同じとみる」という学び方には目が向きにくくなります。

私は，次の二つの「同じとみる」ことをねらって授業を構想しました。

〈ねらい〉

複合図形の面積を求める方法を追究することを通して

○既習の図形（正方形や長方形）と複合図形を同じとみる。

○複合図形（L字形）と複合図形（凹凸の形や穴あきの形）を同じとみる。

〈実際〉

❶問題を整理しよう

「面積を求めましょう」

黒板にこのように書きながら，同じようにノートに書くように指示します。

「ノートに書けたら，早速，求めてみましょう」

子どもはポカンとします。

「先生，どの図形の面積を求めるんですか」「問題がおかしいです」

などと発言する子どもがいます。本当に小さなことですが，このように自分から問題を求めていく子どもの姿勢を大切にしたいものです。一般的に問題は子どもが混乱したり困らないように整えたりして提示することがよい問題提示とされています。しかし本来問題は，必要な情報を自ら集めにいったり，選んで決めたりすることで徐々に明らかにされていくものです。教師は情報が整えられている状況だけでなく，不足していたり過剰にあったりする状況をつくって，子どもが自ら整えにいく雰囲気をつくっておくことが必要です。

教師はこのような子どもの声を受けて，図形を提示する展開に進めます。今回は袋の中から図形を出していく方法をとりました。

T：あ，図形がありませんでしたね。袋の中に図形がたくさん入っています。これから順に出していくので，面積を求めてください。

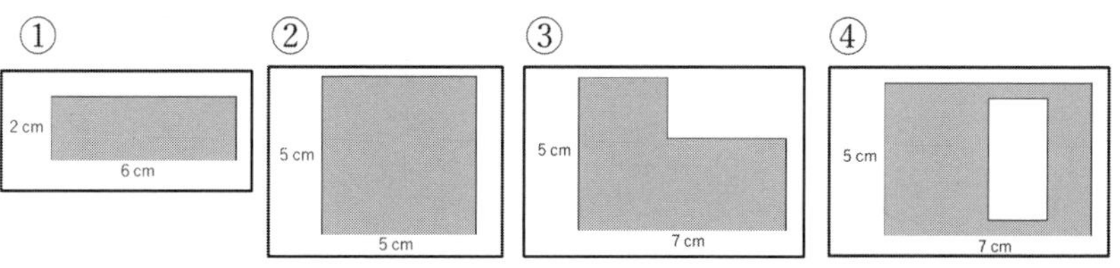

T：（ゆっくり袋から出していく）これはどうかな？
①を出す　C：12㎠だ。簡単。
②を出す　C：25㎠。
③を出す　C：ん？
④を出す　C：それはずるい

子どもの反応は，①②のときと③④で変わります。①②は前時までに学習している内容ですし，③④は面積を求めることを問われることは初めての図形です。ここは「まだ習っていない」「経験がない」ということにとどまらず，図形としてどのような違いがあるのかを話題にしていきたい場面です。解決が難しい問題に出合ったら「経験がないから難しい」ではなく，「難しいと感じさせている理由は何か」「自分が解決できることと解決できないこととの違いは何か」と考えられる姿勢を身に付けさせたいと願うからです。そこで，次のように問います。

T：袋からいくつか図形を出したら，すぐに面積を求められる図形（①②）と，求められない図形（③④）がありましたね。求められる図形と求められない図形は，何が違うのですか。
C：求められる図形は，きちんとした図形です。
C：そうそう，長方形や正方形になっている。
C：長方形や正方形は，縦×横をすれば面積が求められるからね。
T：こっち（③④）も縦や横の辺の長さはわかっているけどね。
C：求められない図形は，でこぼこしている。
C：欠けていたり穴があいていたりする。

こうして，「正方形や長方形でない，でこぼこした形の面積の求め方を考える」ことに課題を定めます。この時点では，解決の方向性が見えている子どもと見えていない子どもがいますので，ここで，まず解決のために何をしてみようと考えているか確認します。授業では，「図形を分けてみる（切ってみる）」や「長さを調べてみる」など，みんなで確認した後で，子どもが自分で解決する時間をとります。この時，実際の大きさの図形を配布し，長さを測ったり切ったりしてもよいことを伝えます。

子どもは様々な方法を試みます。そしてその試みは一人一人異なります。

・1㎠のマス目を書き込む
・縦に2つに分ける。
・横に2つに分ける。
・縦と横の3つに分ける。
・大きな長方形から小さな長方形を引く。等

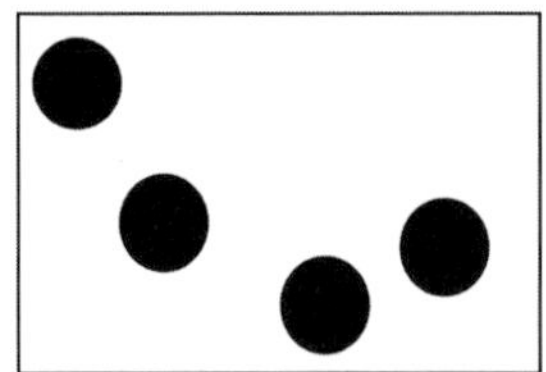

これは，個別的な方法を一人一人がバラバラにもった状況です。

ここからの展開は，目的によって異なります。

例えば，面積を正しく求められることを目的とするのなら，子どもが求めた面積を問えばよいのです。正しく求められていれば，これ以上追究を促す必要はありません。正しく求められていない子どもに対しては，その子に応じた支援をすればよいでしょう。

例えば，面積を求めるだけではなく，たくさんの解決方法を獲得することを目的とするのなら，それぞれ説明させたり，その説明を理解させたりする必要があるでしょう。

私は，「視点を決めて観察し，同じと捉え直す」という学び方を学ぶことを目的としています。つまりこのL字形も長方形や正方形と同じとみられるようになることをねらっているのです。そこで，様々な解決方法の中から，長方形や正方形が見えやすい「横に分ける」「縦に分ける」の方法を抽出して取り上げ，全員に解釈を促しました。

❷他者の考えを解釈する

T：図形にこのような線を引いて，その隣に式を書いていた人がいたよ。どんな式を書いていたか想像できますか？
C：2×3＋3×7だと思います。
T：2×3って，何を求めている式ですか？
C：上の長方形の面積を求めています。縦が2cmで横が3cmです。
C：3×7は下の長方形の面積だよね。縦が3cmで横が7cmです。
C：その2つを合わせれば求められるってこと。

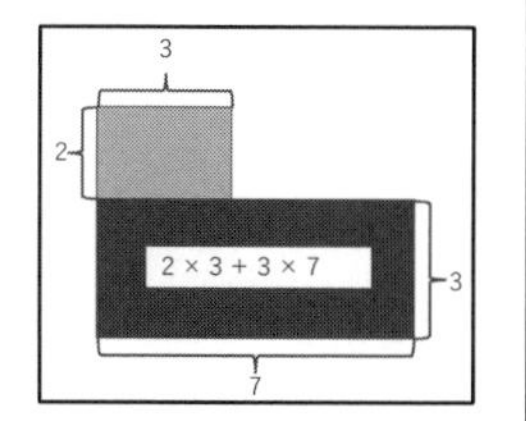

分割線を図で示し，式を想像させます。次にその式の意味を問い，図のどの部分を表しているのか考えさせます。その時，式の数字が図形のどの辺の長さを表しているかを確認する必要がでてきます。聞き手が図から式を考えたり，式から図を考えたりすることを通して，一方的に説明を受けるのではなく，自分で考えながら方法を解釈していくことを促します。

同じように，縦に分割線を引いた方法も全員で解釈することを促します。そして，どちらの方法でも27㎠になることを確認します。

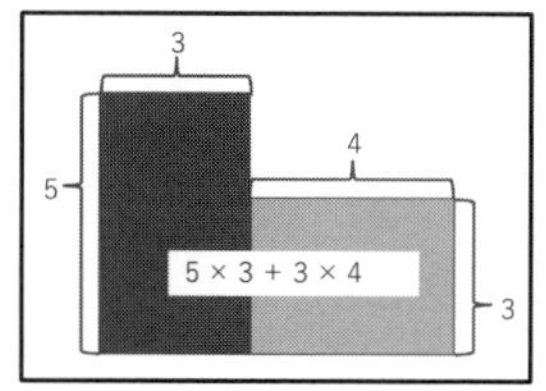

ここまでで子どもは，「縦に分けると」「横に分けると」と，手順のようにしか理解していない可能性があります。そこで次のように問い，中核的な内容に向かわせます。

T：縦に分けたり，横に分けたりすると，どうして面積を求めることができるようになったの？
C：分けると，長方形になるから。
C：どっちも長方形が二つになっている。
C：求められないときは求められる形に変身させればいいんだ。

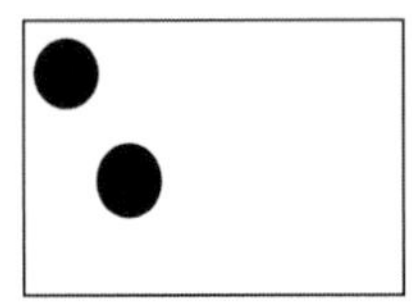

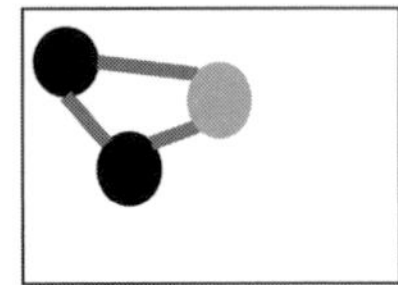

抽出した二つの方法を解釈したところで，面積が求められるようになる理由を問い，「長方形や正方形に変身させている」という二つの方法に共通することを見いださせます。分ければ「長方形や正方形と同じと捉え直す」ことができるという中核的な内容によって，二つの方法がつながりをもちます。

T：この二つの方法以外でも，面積を求めていた人がいましたね。皆さんの方法も，長方形や正方形に変身させていましたか。

さらに，それぞれが考えた方法を中核的な内容である「長方形や正方形と同じと捉え直す」という視点で見直させます。

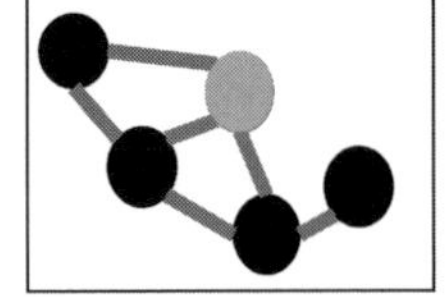

単位面積に分けて数えていた子どもは，「私のは1㎠の正方形が27個分ともみえる」と，27個の正方形がくっついた図形と捉え直していました。

三分割していた子どもは「ぼくの方法は長方形が3つ分だ」と，長方形がくっついた形と捉え直していました。

このように，中核的な内容と自分の方法が関係付くことをおさえていきます。

長方形や正方形とみることができない方法もあります。例えば，右のように線を引いて面積を求めていた子どもの中には，「自分の考えは長方形や正方形と捉えたわけではない」と考える子どももいます。このような場合は，子どもの違和感を優先して，「では，この方法は長方形や正方形に変身させないで，どのように求めているんだろうね」と問い返し，全員で解釈する時間をとります。

C：多分，欠けているところを後でとっちゃうんだと思う。
C：式がわかるよ。5×7－2×4だと思う。
C：5×7が大きな長方形で，2×4が小さな長方形だね。
C：あれ，これも結局は二つの長方形に分けているんじゃないの？
C：やっぱり長方形に変身させているんだ。

こうして，この考えも二つの長方形の組み合わせで作られていることが明らかになります。こうして，また一つ新たな方法が「長方形や正方形と同じと捉え直す」という中核的な内容と関係付くことで，より強化されていくのです。

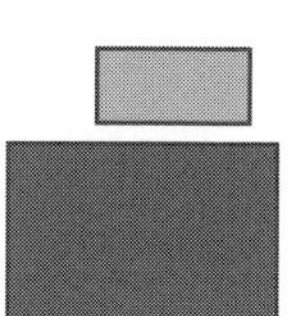

ポイント

面積は，図形の内容と測定の内容のどちらも含んでいます。

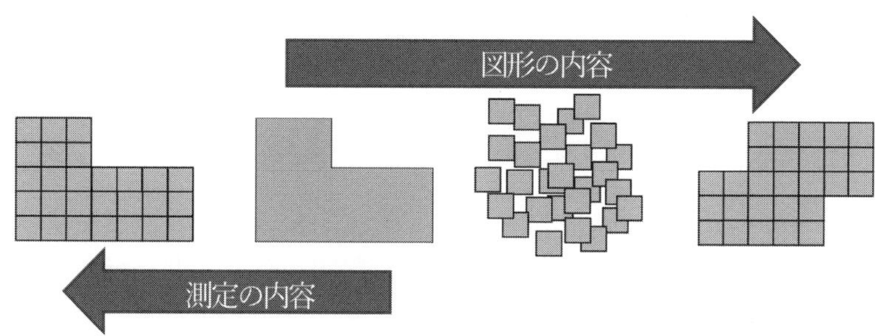

単位を定め，いくつ分と数値化する考えは測定，図形を別の図形と同じとみる考えは図形の内容と判断することができます。

❸同じと捉え直す

L字形の面積は，どの方法も「長方形や正方形と同じと捉え直す」ことができたところで，未解決のもう一つの図形に話題を移します。

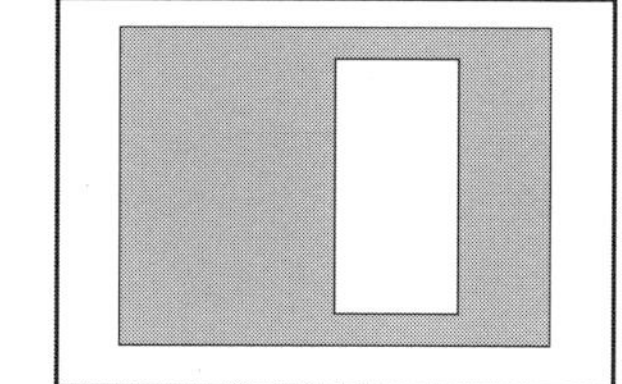

右図の図形を子どもに配り，面積を求める時間をとります。すると，時間をおかずに，子どもがざわざわし始め，「同じだ」と呟き始めます。

T：同じという言葉が聞こえてくるけど，何が同じなの？
C：面積が同じ。どっちも27㎠だ。
C：式も同じだよ。どっちも5×7－2×4だよ。
T：偶然だね。全然違う形なのに，同じ面積や同じ式になることがあるんだね。不思議。
C：偶然じゃないよ。これは，変身させている長方形が一緒なんだよ。
T：面積や式が同じ理由までわかるの？　これはすごい。では，どうして面積や式が同じになるのか考えてみよう。

二つの異なる図形の面積を求める式が同じになることをきっかけとして，その理由に焦点付けて考えさせます。こうすることで，どちらも同じ2種類の長方形の組み合わせでできていることへの気付きを促します。

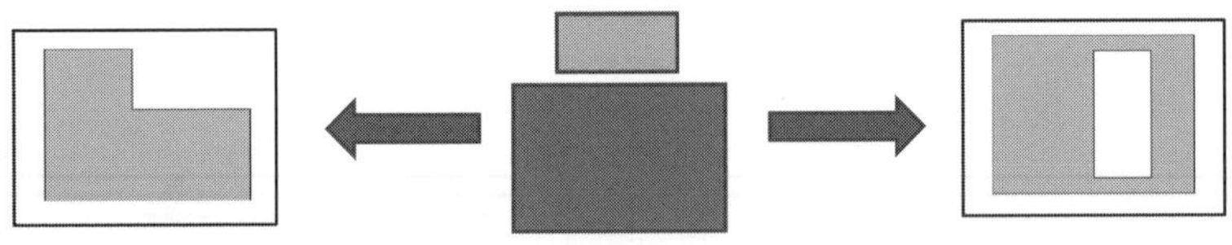

2種類の長方形を使って，L字の図形と穴あきの図形を作って見せると，「小さい長方形を動かしているだけだから，面積も式も変わらないんだ」と図形を動的に見始める子どもが現れます。すぐには動的に見えない子どももいるので，実際に図形を動かしながら説明させるとよいでしょう。動く状況を見ることで，同じ長方形を動かせば「だったら，他にもある」と声を上げることを期待して待ちます。小さな長方形が動いている過程にも，様々な図形があることに気付くのです。

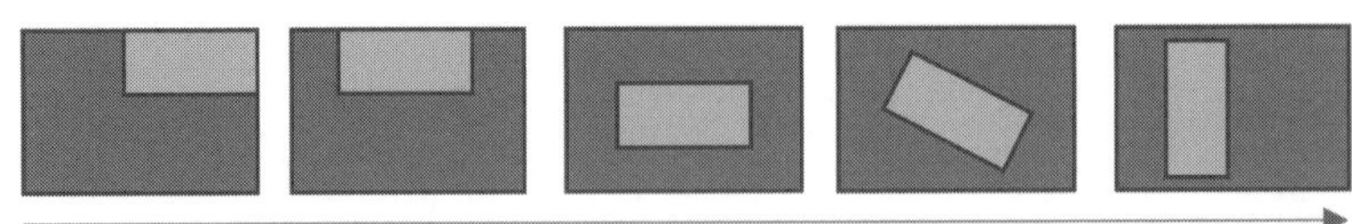

❹パフォーマンス評価

そこで，「同じ長方形を二つ重ねてできる形を作ってみよう」と投げ掛けます。子どもは，自分で複数の図形を作り，面積が変わらないことを確認します。凹形の図形は，よく単元末の問題に載っているような図形です。

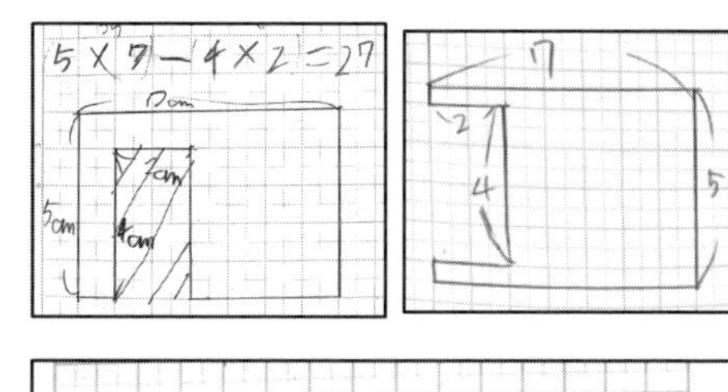

これが，様々な別々な図形なのではなく，二つの長方形が組み合わさってできた形と捉えることができるようになることは，構造が同じであることを理解することにつながります。

さらには，「小さな長方形を分けて考えてみてもよいですか」と尋ね，右のような図形を作る子どももいます。こうして，子どもが作った図形を並べ，「形は違っても，どれも同じ二つの長方形を組み合わせてできた形」と捉えられるようになるのです。

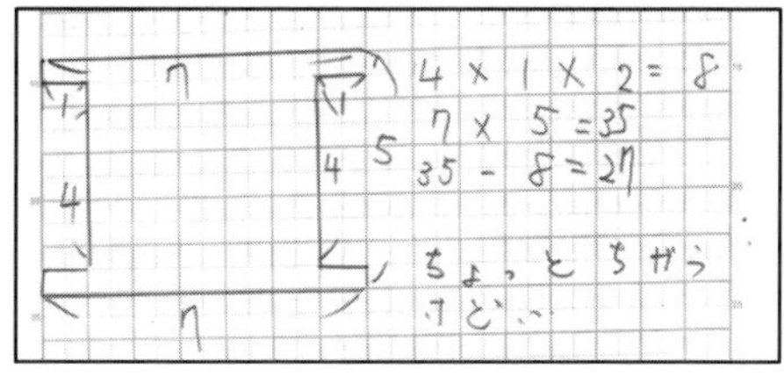

ポイント

この場面は，複合図形に線を引いたり，切り分けたりする解決は多く見られますが，構成する長方形を別で用意しておくと子どもが構造を理解しやすくなります。このようなこと一つとっても，教師のねらいによって，用意すべき教材が変わることが見えてきます。面積を正しく求めるだけなら線を引くだけでもよいです。構造に着目させることまでねらうなら，複合図形とは別に，解決の過程で出てくる長方形を二つ用意する。子どもと何を共有して考えをやり取りするかという教材の話ともつながる部分です。

複合図形実践参考：坪田耕三『算数科授業づくりの基礎・基本』東洋館出版社（2014）pp181～184

②1㎡を作ろう→1a（アール）を作ろう（7～8時間目）

〈ねらい〉

㎡やaの単位を理解するとともに，単位を使って面積を求めることができる。

〈実際〉

❶教室の広さを調べよう

これまでに1㎠を単位として，そのいくつ分，と数値化することで様々なものの広さを表してきた子どもたち。

「今度は1㎡で作って調べよう」と投げ掛けるのでは，「単位を定める」という中核的な内容に向かう大切な場面を奪ってしまいます。これまで長さやかさ等の測定の学習で，大きな量を測定するときには，新しい単位を作ったり適切な単位を選択したりしてきている経験があります。

本時は，教室の面積を調べるという課題を出します。

子どもは1㎠のいくつ分と捉える（1㎠の正方形の組み合わせと捉える）ことが身に付いているので，その長さを調べようとします。

1 右の花だんは，たて3m，横6mの長方形です。この花だんの面積を求めましょう。

6m

3m

mをcmになおして計算すると，数が大きくなるね。

ほかに表せる単位があれば…。

長さの単位がmのときの面積の表し方はどうなるのかな。

① 花だんには，1辺が1mの正方形が全部でいくつならびますか。

1辺が1mの正方形の面積と同じ広さを，1m²と書き，1平方メートルと読みます。

m²もcm²と同じように，面積の単位です。

1m　1m　1m²

② 花だんの面積は，何m²ですか。

長さの単位がmのときは，1m²の正方形のいくつ分で面積を表すことができます。

右の図形の面積を求めましょう。

① 5m　4m

② 6m　6m

実際に測定し，教室の広さは縦8m，横8mであることがわかりました。

C：だったら64㎠だ。8×8＝64だよ。
C：違うよ。m（メートル）だもん。cmに直さなきゃいけないよ。
C：教室に，1㎠の正方形が64個ってことはないね。
C：そうかcmに直さなきゃ。
C：800×800だ。……え！　640000㎠!!
C：すごい！

1㎠の数を調べるとなると，把握することも難しいような大きな数になることがわかり，驚きます。そして，1㎠より大きな単位の必要性に気付かせていきます。この時の授業では，初めに子どもが話した8×8＝64を取り上げて，次のように問いました。

T：640000個っていうのは，なかなか想像するのが難しいね。初めに○○さんが言っていた64個くらいなら想像できたのにね。
C：だめだよ。それはm（メートル）だもん。
T：そうか，64っていうのは，何が64個あることなんだろうね。
C：1mが64個だよね。

C：それだと長さのことだよ，64m。
C：1m × 1mの大きな正方形のことかな。
C：確かに。大きな正方形で測れるなら，少なくていいよね。
C：え，そんな大きな正方形が64枚も入るの？

このように，広い面積を表すときには，1㎠の小さな単位ではなく，大きな正方形（1㎡）を単位とすることに，子ども自身が意識を向ける場面を大切にしていきます。

❷1㎡を作ろう

一辺が1mの正方形の大きさを空中で表現させると，その大きさも様々。そこで，実際に一辺が1mの正方形を新聞紙で作る活動を設定します。単位となる一辺が1mの正方形（1㎡）の大きさを理解するためです。

ポイント

測定する対象に応じて適切な単位を選ぶことは，測定の学習の中核といえる内容です。そして，このように適切に単位を選ぶためには，単位の大きさを子どもが理解しておくことが重要です。例えば，「東京ドーム20個分」という表現は，東京ドームを単位としています。しかし，このように表現する人も，この表現を受け取る人も，単位としている「東京ドーム」の広さを理解していないと，広さを把握することはできません。何を単位とするかは，対象の大きさに応じて判断することはもちろん，共有する他者が同じように理解していることも意識させたいことです。

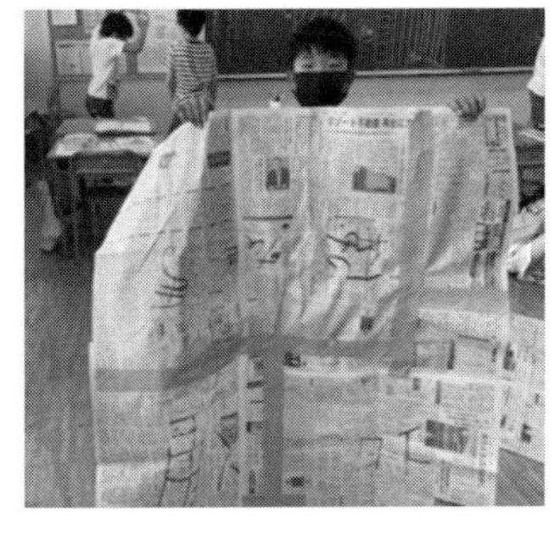

一辺1mの正方形を実際に作って広げてみると，「大きい」と驚きの声が上がります。やはり，実際に作ることで得られる知識の大きさが伺えます。

全員が作り終えたところで，みんなが作ったその大きさを「1㎡（平方メートル）」ということを教えます。2つで2㎡，3つで

3㎡と広さを表せることを確認します。この時は，学級の人数が33人なので，全員の1㎡の新聞を並べると教室の半分くらいが埋まることを確認しました。そして，64㎡という面積の広さを改めて実感したのです。

この後，自分が作った1㎡をもって，学校内の様々な面積を調べにいきました。

❸畑の面積を調べよう

教科書では，畑のような広い面積を求める問題場面を提示して問題解決にあたらせます。そして，その面積を表すときに，「1辺が10mの正方形の面積の何個分ですか？」のように，新しい単位を示して考えさせる展開が一般的です。しかし，実際に授業をするならば，子どもに新しい単位の必要性をもたせたいものです。前時で1㎡の単位に目を向けていく場面を大切にしていれば，子どもが新しい単位に目を向けやすくなります。

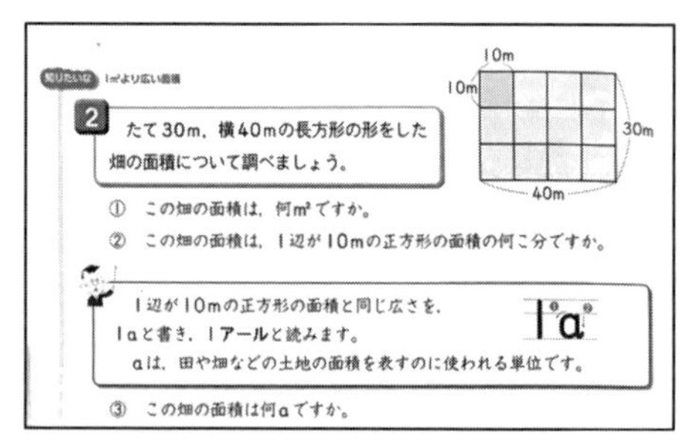

C：㎡で表すと，すごく大きくなる。1200個だから1200㎡だ。 C：前と同じように，バラして数える正方形を大きくすれば？ C：1㎡より大きいってことは，10m × 10mの正方形はどう？ C：20m × 20mや30m × 30mの正方形も数えられるね。

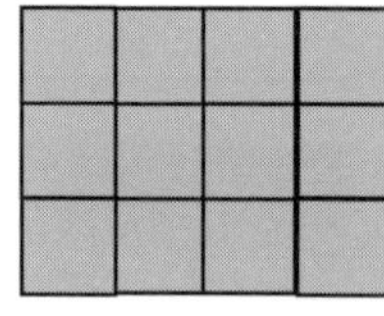

1辺10mの正方形

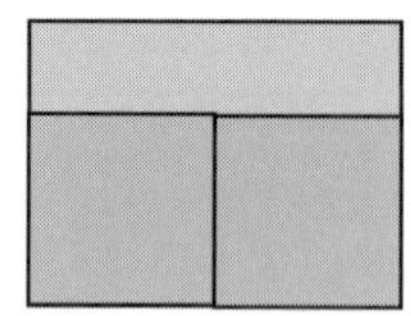

1辺20mの正方形

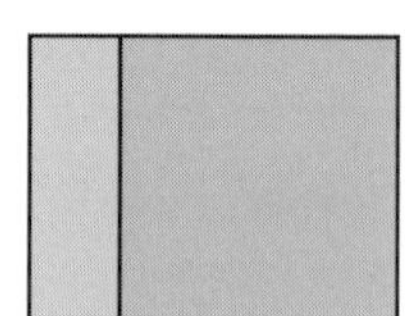

1辺30mの正方形

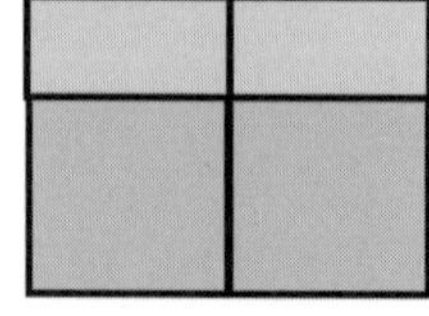

それぞれを単位にした考えをみんなで共有します。単位が大きすぎると，はしたが出てしまい正しく測りづらくなることも，適切な単位を判断できるようにするために，子どもと考えたいところです。また，

複合図形で学習した考え方を生かせば，一辺が20mの正方形が3つ組み合わさった形と捉え直すこともできます。異なる形の図形を「同じ構造でできている図形と捉えること」も，単元を通して繰り返し発揮させたい図形の学習の中核的な内容です。

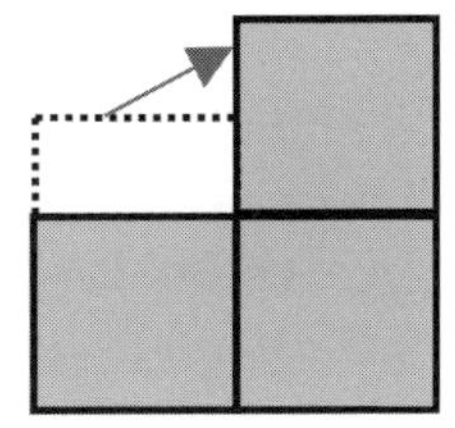

さて，この時話題になった一辺が10mの正方形はどのくらいの広さかを問います。

「体育館の広さくらい」「プールくらいかな」「近くのスーパーが……」

教室が8m × 8mだったことは学習したはずなのに，それとこれとは別の問題と考えてしまうものです。やはり単位の大きさを捉えておくことは大切だと感じました。このままでは1a（アール）が体育館の広さになってしまいます。

そこで，前時に1人ずつ作った1㎡をつなげて，一辺が10mの正方形を作ってその大きさを確かめようと投げ掛け，活動の時間をとりました。

❹1aを作ろう

子どもはまず，1㎡の新聞紙が何枚必要なのか計算を始めました（右は子どもがかいた設計図）。

一辺が10mの正方形を作るためには，1㎡が100枚必要であることを確認し，1人3枚ずつ（私が1枚）作るというめあてをたてました。

100枚完成すると，「これで10mの正方形の材料ができた」と発言する子どもがいました。これは，複合図形の学習の時に，L字形が27個の正方形に見えたように，一辺10mの正方形は100個の正方形が集まってできて

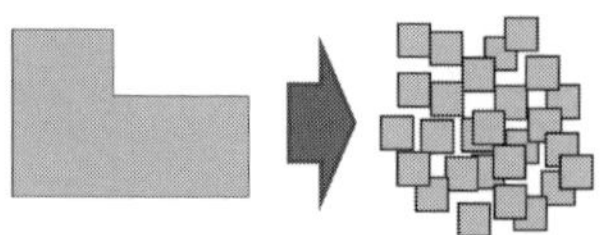

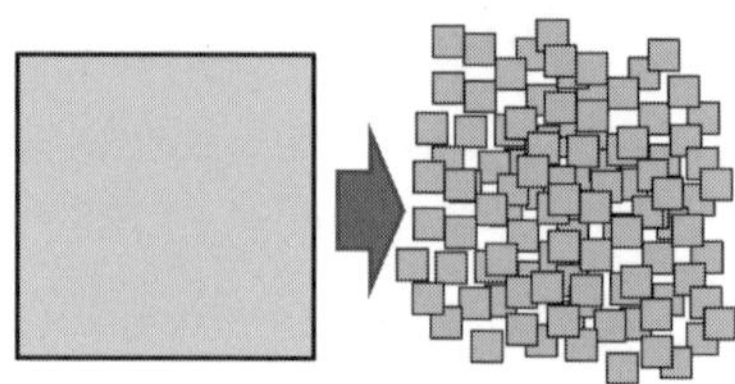

いると見えているからでしょう。

材料が整ったので，いよいよ一辺10mの正方形を作ります。教室では子どもは1㎡をそれぞれ持っていき，つなげ始めます。

ときどき途中で活動を止め，出来上がった面積を全体で見つめる時間をとります。そして，「今の面積はどれくらいかな？」と問います（活動中が望ましいですが，難しければ写真で記録しておき，後で同じように展開することもできます）。

10 ㎡ができた

10 ㎡が４つで40 ㎡

10 ㎡が８つで80 ㎡

教科書にも，縦○m，横○mの面積を求める問題は載っていますが，子どもはあまり大きな面積と捉えられていません。

答えに「○㎠」と書いていた子どもに，「単位をよく見て。今回はmでしょ」などと指導した経験をお持ちの方は多いで

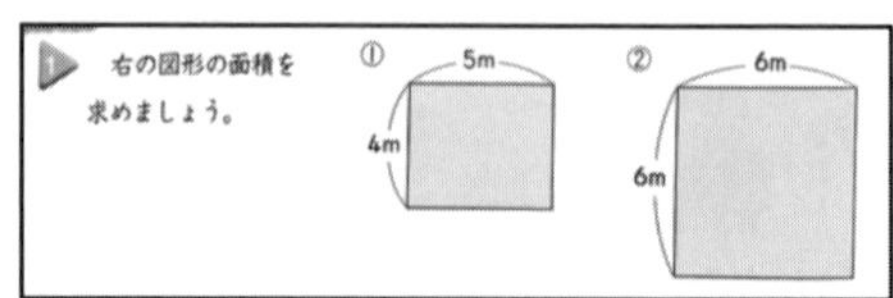

しょう。しかし，これでは，単位は数字の後につく記号のようなもので，問題に揃えればよいという不十分な認識を強化してしまいます。

実際の広さを調べるときに，子どもは自分の中にある単位のいくつ分という考えを働かせ，その量を問うのです。

ポイント

この学習をした子どもが5年生になり，体積の学習をしていたとき，「教室の体積を測るときに1㎤の数を数えるのは大変。1aを作ったときみたいに，大きなものを測るときには大きな単位があるといいから，大きな体積の単位が必要」と適切な単位を作り出そうという動きがありました。面積を学んだのではなく，面積を通して学んだ「学び方」が生かされた場面だと感じました。

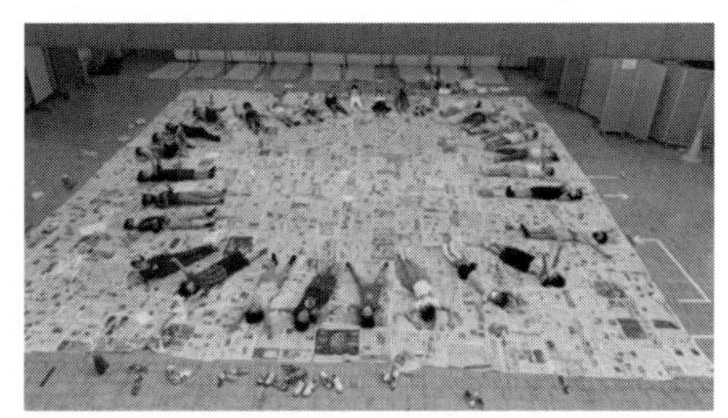

第7章 ICTを活用した教え方

01 4年「小数の筆算」

(1) 中核的な内容

「小数÷整数」の計算の仕方については,「整数÷整数」や「小数×整数」の計算の仕方を基に作ることができます。例えば, 5.7÷3であれば, 被除数を10倍して57にし, 57÷3＝19と求める。この場合, 元の式の10倍の答えになっているので, ÷10をして答えは1.9になります。これまでの計算と「同じ構造と捉える」ことが中核的な内容にあたると考えます。

(2) ICT活用のポイント

計算の学習は, 教師の方がその構造の違いを理解し, 分類し, 1時間ごとにねらいを定めて計算の技能を習得させることを目指す計画になっています。例えば, 本単元の指導計画を見てみると, 次のようになっています。

時	ねらい	問題例
1—3	小数×整数の計算	
4	小数÷1位数の整数の筆算 小数÷2位数の整数の筆算	5.7÷3 38.4÷12
5	除数が被除数より大きく, 一の位に0がたつ除法	4.5÷9
6	わり進める場合の計算	7.3÷5
7	商を四捨五入して概数で求める	2.3Lを6等分
8	あまりのある小数の除法	
9	問題場面を図に表し, 立式して解決する	

わり算の場面に着目してみると, 4時間目はわり切れる問題, 5時間目は一の位に0がたつ問題, 6時間目はわり進める問題のように, あらかじめ教師が分類して出題し, そのことを一つ一つ理解させていく計画になっ

ていることがわかります。この計画がよくないわけではないのですが，教師が整理しすぎていて，構造の違いから問題を発見することが少なくなります。そして子どもは与えられた問題について，個人で正しい答えを出すという機械的な活動になりがちです。私はICTを活用して作問の活動と解き合いの活動を仕組むことで，次の3点について変えることができると考えています。

○「与えられる問題」から「自ら作る問題」

子ども自身が問題を作り，その問題を解き合うという活動が，全て各自の手元で瞬時にできます。1人1問作れば30問の問題集がすぐにできることになります。

○「個人の機械的な活動」から「協働的に考える活動」

問題の作り手が教師ではなく子どもになると，正答を確認する相手も子ども同士になります。なぜそう考えたのか，なぜそれが正解なのかを確認したり説明したりする必要が生じます。作った問題に間違いがある場合は，仲間と修正をし合う必要が生じます。プリント等で与えられる無機質な問題ではなく，問題の背景に作成者やその意図が見えることで，活動が協働的になります。

○「教師が意識する構造」から「子どもが気付く構造」

作成した問題は端末の中でカードのように移動させることができます。問題を分類し仲間分けする活動を設定することで，問題の構造を考える場を設定することができます。

以上3点が，本実践におけるICT活用のポイントです。

(3) 授業のねらい

除数が整数である場合の小数のわり算の問題を作ったり解いたりする活動を通して，除法の計算の仕方を考えるとともに，除法の筆算の構造の違いに気付くことができる。

(4) ロイロノートを使った授業展開例

❶ 問題を作る

教師が作成した筆算の枠を,「テキスト」にして配布します。そして,□の中に数字を入れて,あまりが0になる筆算を完成させるように指示します。

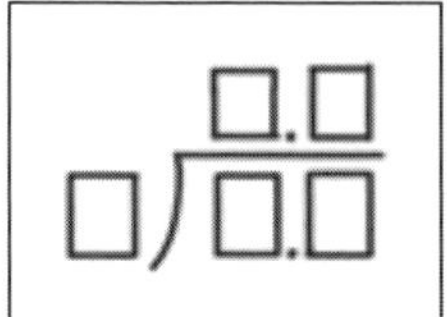

質問を受け付けて,問題の条件を確認した後,3,4人のグループにして問題作りに取り組ませます。

T：今配ったテキストの□の中に数字を入れて,あまりが0になる筆算を作りましょう。
C：どうしたらできるかな。適当に入れて確かめてみよう。
C：全部同じ数を入れたら,簡単にできる。2.2 ÷ 2とか,3.3 ÷ 3みたいに。
C：2.1 ÷ 2,これはできない。
C：ああ,確かに。1とか3とか使うとできなそう。

子どもは,まず1人で問題を作り始めます。その後,作った問題をグループで見せ合います。グループで相談しながら作ることで,問題作りの多様な視点を共有できます。例えば,「全て同じ数字にすればよい」「2の段の数を使えばよい」などです。

すぐには問題が作れない子どももいます。グループで問題作りに取り組むことで,すぐに相談できます。

一の位が空位の計算については未習なので,そのような数値を入れてしまったことによって,それでいいのか悩む子どももいます。例えば,奇数を使うと式が作れないと考える子どもがいます。グループ内でこのような問題が話題になったところで,グループの作業を止めさせ,全体に問い返します。学級全体で問題作りの悩みを共有させ，みんなで考える課題として設定するためです。

❷ 困っていることを課題に設定してみんなで考える

子どもが悩んでいる場面（本時では「2.1÷2」の式）を取り上げて，全体に提示します。そして，なぜ悩んでいるのか問い，問題が作れない原因を全員で考えます。この場面では，2.1÷2の一の位は計算できる（2÷2＝1）が，小数第一位は計算できない（1÷2）ということが明らかになりました。そこで，どのように修正するか方法を問います。

T：では，2.1÷2のどこをどのように修正したら，わり算の式ができるでしょう。
C：このままだとわり切れないから，ここ（わられる数の小数第一位）の数を2に変える。
C：2じゃなくても，2の段だったら大丈夫だよ。
C：そうそう，2でわるんだから，2.2でも2.4でも2.6でも2.8でも，わることができます。
T：わられる数の一の位を2の段の数に変えれば，あてはまる問題になるね。
C：他にもあります。私はわる数を変えたらいいと思います。
C：え？　どういうこと？
C：2.1÷2のわられる数を10倍すると21÷2になりますよね。21は2でわり切れないからうまくいかないので，21をわることができる数に変えればいい。
C：じゃあ，3とか7だ。3×7＝21だから，2.1÷3はできる。

解決できない式を取り上げ，みんなで修正方法を考えることで，一の位の商が0になる新しい筆算の視点も共有することができました。

この後，再度問題作りの時間をとり，作った問題を1人1問提出させます。「提出箱」には，クラスの人数分の問題が集まります。

❸ 問題を解いて，解法を確認し合う

提出した問題を，全員の子どもが見られるように「回答共有」をかけます。そして，問題を選択して解くように指示をします。主な指示の内容は次の通りです。

i　同じグループのメンバーが作成した問題を解く。
ii　そして解いた問題を問題作成者に見せ，採点をしてもらう。
iii　間違っていたら解法を確認する。全て正解したら，グループ外の問題にチャレンジする。
iv　設定された時間内で，できる限り問題に取り組む。

【児童Bが作った2.4÷8の問題】
児童A：見て見て，これで合ってる？
児童B：2÷8はできないから，2の上は3じゃないよ。
児童A：そうか，0だ。じゃあ，小数第一位が3になって，答えは0.3だ。
児童B：そう。それなら◯！

一の位が0になる除法について，問題を作ったBは解決できるのですが，Aは初めて出合う問題に困惑します。これまでの計算と同じように考えたつもりでしたが，Bからの修正を聞いて納得することができました。

【児童Cが作った4.8÷6の問題】
児童A：ねえねえ。Cさんのこの問題，どうしてもできないんだけど。わり切れる？
児童C：え？　4.8÷6でしょ。0.7じゃないの？
児童B：10倍すると48÷6でしょ。答えは8じゃない。それで，1/10するから，0.8。
児童C：あ，そうか。6×7を48にしちゃっていた。ありがとう！

九九の間違いであったことがわかりました。小数の筆算の学習ではありますが，ここで活用される内容については，このような機会に学び直しているという捉え方も必要です。これまでに学習してきた内容が定着していなければ，新しい内容が学べないなどということはありません。新しい内容を学びながら，これまでの学習を学び直していると捉えれば，さらに計算や筆算の学習を貫く中核的な内容が見えてくると考えます。本実践では，結局「小数×整数」も「整数×整数」の計算と構造は変わらないことが見えてくるのです。

まずグループ内で活動することで，解法の確認や誤った問題の修正が行われます。子どもは疑問や困り感を出し合うことで，計算の方法を確かにします。いきなり全体で始めてしまうと，うまく関われない子どももいます。初めての活動はどのような手順で進めていったらよいかわからなかったり，選択肢が増えると，どこから取り組んだらよいかわからなくなったりしてしまうのです。

その後，解決する問題をグループ内から全体に広げます。子どもは多くの問題に取り組むことで，習熟を図っていきます。友達が作った問題を解くことで，1問ずつすぐ正誤が確認できます。そして，誤っているときはすぐに解説を聞いて修正できます。

❹ 解いた問題を仲間分けする

10分ほど時間をとると，大体10問くらい解決した問題が「ノート」の中に集まります。そこで，集まった問題を仲間分けするよう指示します。子どもは，「シンキングツール」を使いながら，問題の仲間分けをしました。そして，次のように問題の構造の違いに気付いていきました。

児童Aの分け方
○九九で解けてしまう簡単な問題
○一の位の計算をしたときに，あまりがない問題
○一の位の計算をしたときに，あまりが出る問題

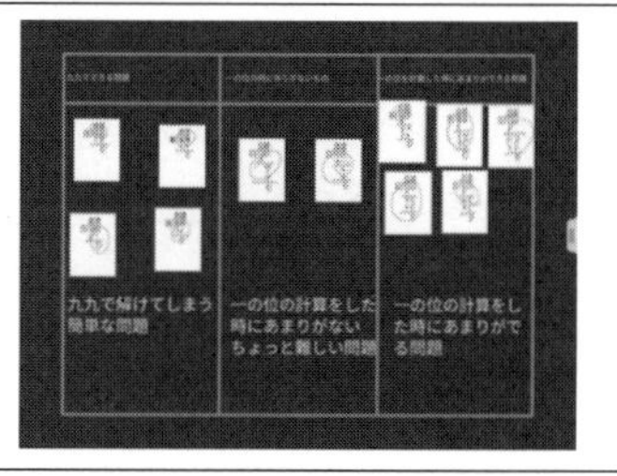

児童Bの分け方
僕はピラミッドチャートを使ったよ。
難しさレベルもつけた。
○九九で解決できる問題
○答えが1か2になる問題
○わられる数が大きい問題

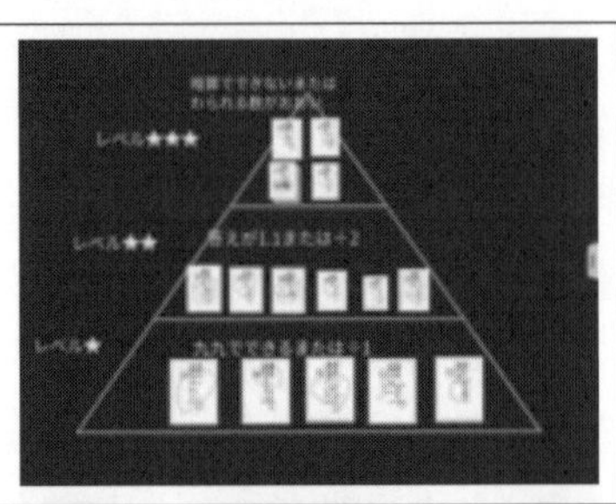

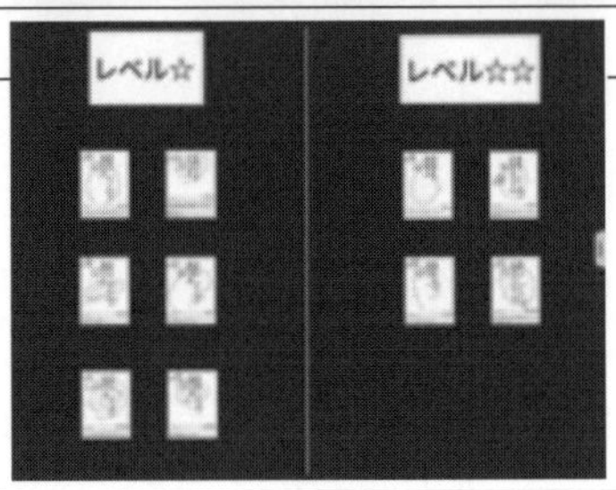

児童Cの分け方
私は，一の位の数がわり切れるものとわり切れないものの2つに分けました。一の位がわり切れないと少し計算が難しくなるからです。

まずはその子なりの感覚的な分類でよいと思います。それでも，わり切れる，わり切れない，あまりがあるなど，教師が単元を構想するときに整理することに子ども自身が気付きます。

次の時間以降で，また**❷困っていることを課題に設定してみんなで考える→❸問題を解いて，解法を確認し合う→❹解いた問題を仲間分けする**ことで，問題数も増え，さらに問題の違いを精緻に分類したり，同じ構造を見いだしたりしています。

ICT活用のポイント

本実践の活用のポイントは，情報の共有と収集した情報の分類整理です。各自が作成した問題を瞬時に共有することで，その正誤を説明したり修正したりすることができます。共有によって協働的な問題解決の場が設定できます。また問題を解き合うだけでなく，解決の過程で気付く問題の仕組みの違いで分類を促します。一つ一つの計算過程が保存されていること，そしてカードのように動かせること，この利点を活用するところがポイントです。

02 4年「資料の整理」

(1) 中核的な内容

データの活用領域の内容について，学習指導要領解説算数編には次のようにあります。

> **この領域で働かせる数学的な見方・考え方に着目して内容を整理すると，次の二つにまとめることができる。**
> **1 目的に応じてデータを収集，分類整理し，結果を適切に表現すること**
> **2 統計データの特徴を読み取り判断すること**
> **学習指導要領解説算数編 p67**

まず目的が重視されています。データを活用する目的が定まっていなければ，どのようなデータを収集したり，どのように分類整理したりしたらよいのかが定まりません。データの活用領域の説明に「目的に応じて」と枕詞のようについているのはそのためです。その上で，適切な収集，整理，表現の力を高めながら統計的な問題解決の方法を高めていくことが求められます。

さらに，表現したデータの特徴や傾向を読み取り，問題に対して自分なりの結論を出すことも求められます。そのため，いい加減にデータを見ることはできず，結論の妥当性については批判的に考察したりすることが求められます。

そこで，本単元の中核的な内容は「目的に応じてデータを分類整理すること」と設定します。

(2) ICT活用のポイント

本授業のねらいは，目的をもって情報を収集・整理し，表やグラフに表現することで，事象の傾向や特徴を捉え，適切な判断をすることです。しかし，目的をもって情報収集をすることは時間や手間がかかります。例えば，子どもがアンケートやインタビューを通して情報を集め，それを記録したり整理したりする活動はそれなりの時間を要するものです。そのため，これまでの授業では，教師がすでに収集した（例えば教科書に載っているような）情報を与えざるを得ませんでした。結果，子どもは教師から与えられた情報を，指示通り二次元表に整理させられる活動になってしまいがちでした。

この学習の中核的な内容は目的そのものにあります。「○○に生かすために，整理したデータが必要になる」わけで，整理することが目的になってしまっては育てたい力は育ちません。

ICTを活用することで，子どもでも集団の情報を瞬時に集め，保存しておくことができます。活用の仕方を身に付けておけば，子どもは様々な場面でそれぞれの目的に応じて必要な情報を集めることができます。実際，本実践後には，学級のイベントや総合的な学習の時間の調査活動など日常場面や他教科で，自ら情報を収集し問題解決に役立てようとする子どもの姿が見られるようになりました。

また，情報収集場面だけでなく，情報を基に協働的に考えるためにも有効に活用することができます。どうしても個の操作になりがちな情報の分類や整理の場面が，ICTを活用することで全員が手元に集めた情報を並べ替えて整理したり集合を作って分類したりすることができます。さらに，その操作を共有できるようになります。子どもは集団でその分類整理の仕方を試したりやり直したりすることができ，協働的に考えるためのツールとして活用できます。

主体的な情報収集を促すこと，収集した情報を基に協働的に考えること，この2点が活用のポイントとなります。

(3) 授業のねらい

クラスの兄弟や姉妹がいる人数を調べる活動を通して，複数の観点で資料を分類整理したり表にまとめたりして，その特徴を調べることができる。

(4) ロイロノートを使った授業展開例

❶ ○○は好き？　嫌い？　どっち？

クラスの特徴を調べるために，子どもたちに様々な質問をぶつけてみる。

「このクラスのみんなってどんな特徴があるんだろうね」。

○ラーメンが好きな人？　嫌いな人？

○猫を飼っている人？　飼っていない人？

○兄弟がいる人？　いない人？

こんな話をしていると，「僕はカレーなら好きなんだけどな」とか「犬なら飼っているよ」，「お姉ちゃんならいるけど」と，近い内容について話題にしてきます。そこで，そのような近い内容を二つ並べ、アンケートをとって調べることを提案します。

例えば，次のような内容を並べます。

「ラーメンが好き？　嫌い？」と「カレーが好き？　嫌い？」

「猫を飼っている？　飼っていない？」と「犬を飼っている？　飼っていない？」

「兄弟がいる？　いない？」と「姉妹がいる？　いない？」

❷ このクラスに兄弟と姉妹がいる人は？

授業では兄弟と姉妹のアンケートについて取り上げていきました。

「このクラスに「兄弟がいる」「姉妹がいる」人はどのくらいいるでしょうか」

この発問と同時にロイロノートで質問のテキストを配付します。子どもは該当する項目に○を付けて提出します。

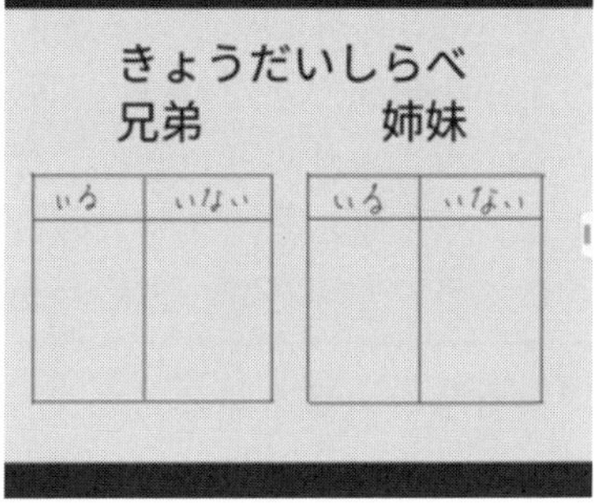

提出箱を共有できるようにすると，一覧を全員が確認できるようになります。子どもは，全員の情報を瞬時に収集するとともに，情報の収集の仕方を習得することができます。

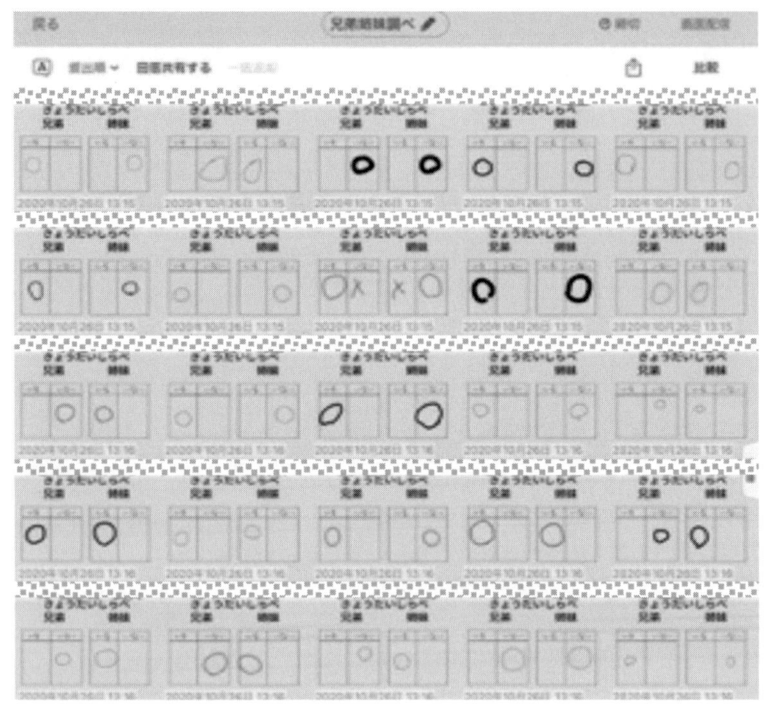

T：「兄弟がいる人」と「姉妹がいる人」では，どちらが多いのかな。
C：う～ん。同じくらいかな。
C：兄弟も姉妹もいる人は数えますか？　それとも，兄弟だけ，姉妹だけに○がついている人ですか？
C：兄弟がいる人だから，兄弟だけに○がついている人も，兄弟と姉妹のどちらにも○がついている人も，どちらも数えるでしょ。
C：だったら，どちらにも○がついている人は，「兄弟がいる人」のときも「姉妹がいる人」のときも，２回数えられるってことだね。
T：今確認できたのは，どちらにも○がついている人は，どちらにも数えられるということだね。
C：そうすると，クラスの人数より合計が多くなりますね。
C：え，どうして。よくわからなくなってきた。

共有した一覧を見ることで，様々な情報が得られることがわかる反面，数え方は複雑で，見ただけではよくわからないという状態になります。このような状況になったとき，子どもは情報を整理する必要感をもちます。

❸ 表に整理しよう

よくわからない状況を整理するために，表にする活動に入ります。子どもは右のように整理します。そして兄弟がいる人16人，姉妹がいる人17人という結果を確認します。その後，その結果から確認できることを問うていきます。

兄弟がいる	姉妹がいる
正正正一	正正正T
16	17

T：兄弟がいる人16人，姉妹がいる人17人，1人多かったね。ということは，兄弟も姉妹がいる人は？
C：33人？　16＋17で合わせて…。
C：いや違うよ。そんなにいないでしょ。どちらもいる人はもっと少ないよ。
C：提出箱を見ると，3人しかいないよ。
T：では，兄弟も姉妹もどちらもいない人は？
C：ん～わからなくなってきた。
C：また数えればいいよ。3人だよ。
C：表にまとめよう。

❹ 数えなくてもわかる

ある程度，情報が集まってきたところで，この情報を組み合わせれば導くことができる項目について話題にしていきます。本時では，「兄弟はいるけど，姉妹はいない人数」を話題にしました。これまでと同じように，図の提出されたカードを数えれば確認もできますが，表の数値を用いれば数えなくてもわかるという考え方を期待しての発問でした。

兄弟がいる	姉妹がいる	どっちもいる	1人
正正正一	正正正T	下	下
16	17	3	3

T：兄弟がいるけど姉妹がいない人は，何人いるかな。
C：また数えなきゃ。大変だ。
C：それは計算で出せるんじゃない？　だって，兄弟がいる人が全部で16人。それから兄弟と姉妹がどちらもいる人は3人。だから兄弟がいて姉妹がいない人は13人だよね。
T：みんなが提出したものを数えなくてもわかるって言っているね。どうして計算で出せるのか，みんなはわかった？
C：ちょっと難しい。
C：だから，みんなが提出したのを並べ替えると（下図），兄弟がいる16人から，兄弟も姉妹もいる3人をとると，兄弟だけがいる人13人になるでしょ。
C：なるほど，そういうことか。

これまで確かにしてきた情報で，まだ確かめていない情報も導くことができるというアイディアを取り上げて，全員で解釈する時間をとります。

その中で子どもはロイロノートに提出したカードを移動させながら整理し，その関係を説明し始めました。提出したカードの情報は，これまで数える対象でしかなかったのですが，これをきっかけに他者にアイディアを説明するための道具に変わりました。

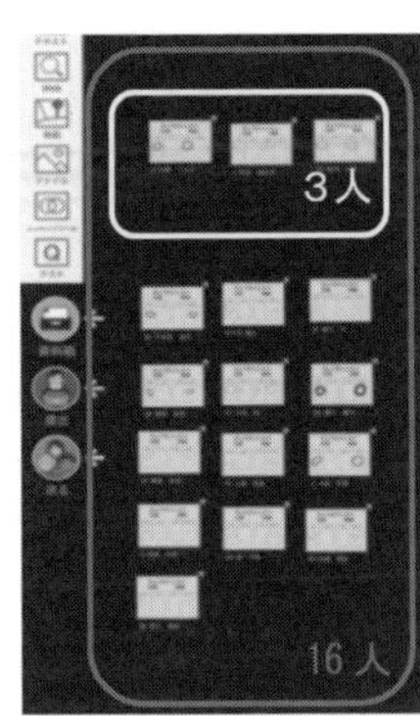

ICT活用のポイント

ICTを活用することで，アンケートのデータを即時回収，即時共有できるようになります。

データの活用の領域において，本物のデータを扱えることはICT活用の利点です。さらにそのデータを操作できることは，情報を可視化するだけではなく，子どもの思考を可視化することにつながり，子ども同士が協働的に学ぶために役立つ活用の仕方になります。

❺ 操作したカードを二次元の表に表す

「だったら，姉妹はいるけど兄弟はいない人もわかる」

子どもは，他にも導ける情報を見いだし，カードを整理していきます。カードを並べ替えるという方法を使って情報を分類・整理したのです。

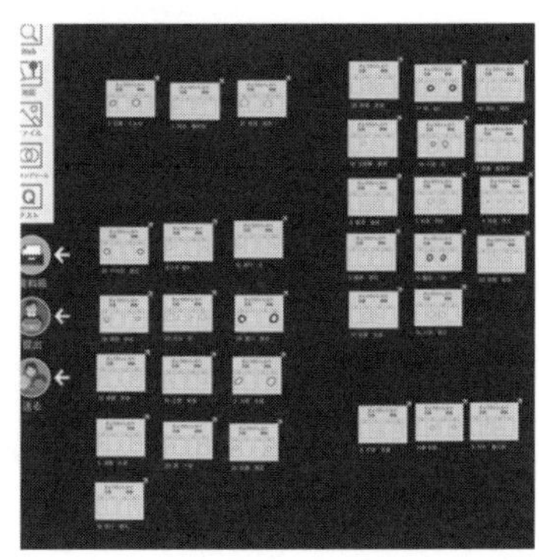

ここまで情報を整理できたところで，シンキングツールから二次元の表を提示します。子どもは図のように整理した考え方と二次元の表を対応させながら，表に情報を書き込んでいきます。

T：表の33はカードでいうとどこのこと？
C：この全てのカードのことです。全員で33人ということです。
T：じゃあ，この兄弟も姉妹もいない人は表ではどこのこと？
C：この真ん中の3人のところです。だって，「兄弟がいない」と「姉妹がいない」がぶつかったマスだからです。
C：数字だけ見ていると，「兄弟がいて姉妹がいる」の3人と，「どちらもいない」の3人が同じ人のように見えるけど，実際のカードを並べたのを見ると，全然違う人だってわかる。

ICTを活用することで可視化されたデータを分類・整理した操作が，表の数値と関連付き，確かな理解につなげることができました。

	兄弟がいる	兄弟がいない	合計
姉妹がいる	3	14	17
姉妹がいない	13	3	16
合計	16	17	33

03 4年「直方体と立方体」

(1) 中核的な内容

図形の領域の学習は，「ある観点で観察し，同じ仲間とみる」ことが大切です。「様々な図形を『比較』し，共通点を『抜き出す』ことで，共通していないことを捨て，同じ仲間とみる」。このような概念の形成過程を複数の単元で繰り返しながら，いろいろな図形について知っていくことです。

そのとき重要になるのが，観点です。図形的に考察するには，図形を見る観点が重要です。極端な話，色や材質等の観点で観察しても図形の学習として深まっていきません。むしろそういうことを捨象していかなければならないのです。そのためにも図形的に観察する観点を育てていく必要があります。

本単元のように直方体や立方体を対象にするときに育つ観点は，辺や面の位置関係です。例えば，直方体や立方体は面や辺が平行，垂直関係（一部ねじれの位置）です。他の立体図形との大きな違いです。また立体を切り開いて展開図にしたり，展開図を組み立てて立体にしたりするときに働く空間認識の力も，辺と辺，面と面の関係を捉えることで確かなものになります。

そこで，単元の中核的な内容を「辺や面の位置関係を捉えること」と設定して授業を構想することとします。

(2) ICT活用のポイント

図形単元の作図場面は，作図動画を視聴させたり，作図のポイントをわかりやすく示したりして，ICTを活用する場面を多く思い浮かべることができます。このように用いることで，子どもは，正しい作図のモデルを獲得したり，作図時の留意点を理解したりすることができ，ICTを活用する前と比べると，多くの子どもが正確に作図方法を習得することができます。

しかし，正確に作図をできた子どもが，単元で育てたい力を伸ばしているかというと，必ずしもそうとはいえません。よく考えなくても手順通り機械的に作図しているだけだったり，効率よく情報を受け取ったりしているだけになってはいないでしょうか。大切なことは，中核的な内容に設定した通り，作図を通して，図形の特徴を捉えられるようになることです。

本実践は，直方体や立方体の見取図の作図場面です。手順を示してその通りかかせるような展開が一般的です。教科書にも，面からかき始める手順と，頂点から辺をのばしてかき始める手順が示され，その後で作図の練習をするような流れになっています。しかし，これでは子どもが立ち戻ったり意識したりするのは手順で，中核的な内容に設定した「辺や面の位置関係を捉えること」ではありません。

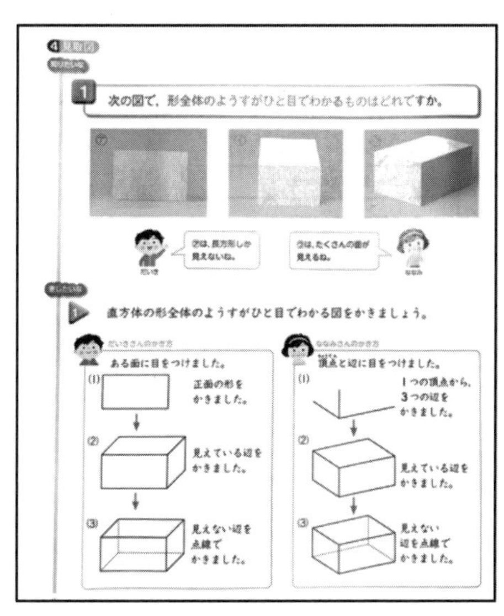

私は，中核的な内容に向かって追究を深められるように，次の2点を意識してICTを活用する授業展開を構想しました。

1点目は，教師が作図している動画を無音で見せることです。子どもは教師の作図の様子を見ながら，どのような説明が行われているのかを予想します。操作的表現を言語的表現に置き換える活動を通して，子どもは説明に用いる言葉に着目するようになり，作図の手順から位置関係に目を向け始めると考えました。

2点目は，子どもが用いている言葉の違いを可視化することです。予想した説明を書き込ませたシートを，ロイロノートの提出機能を用いて集め，共有します。子どもは，同じ作図の動画を見ていたにもかかわらず，その解説に用いる表現が自分と他者で異なることに気付き，よりよい表現を検討していくと考えました。

そして，子どもが他者と協働的に学びを深めていく授業を構想しました。

(3) 授業のねらい

見取図の作図動画を見てその説明を考える活動を通して，辺や面などの構成要素に着目し，直方体や立方体の性質を捉えることができる。

(4) 授業展開例

❶ 無音の作図動画を見て，見取図のかき方を予想する

まず直方体の見取図を提示します。「直方体だ」とすぐ反応します。そして，このように形全体の様子がひと目でわかるようにかいた図を「見取図」と呼ぶことを確認します。

その後，「直方体の見取図をかこう」と投げ掛け，問題として黒板に書きます。

「どこからかけばいいのかなあ」

「長さはその通りかくのかなあ」

など，子どもは早速かき始めようとします。そこを止めて，

「今日は全員がバッチリ見取図を完成させられるように，スペシャルな説明の動画を用意したよ」

と，見取図のかき方を見せることを伝え，モニターに動画を流します（紹介する実践では，教師が手順を説明しながら作図する様子を，事前に録画しておいた動画を流しましたが，各校で活用されている教材やインターネット上の動画も活用できます）。

まずは，説明が聞こえないように無音にして動画を視聴させます。

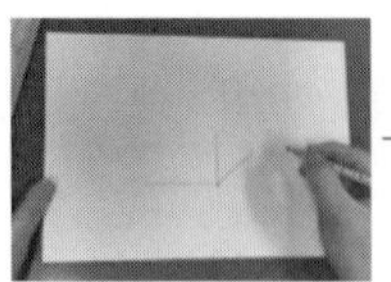 → 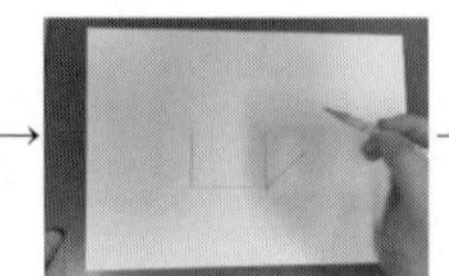 → 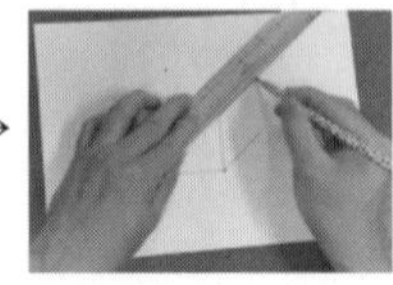 → 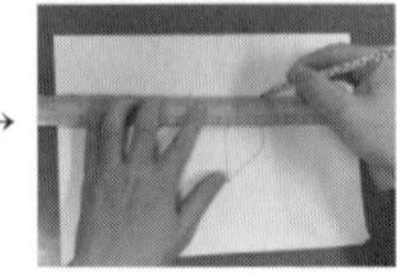

T：動画を見ながら，直方体の見取図のかき方を学習しましょう。
（無音で動画再生）
C：あれ，先生，音が聞こえないよ。
C：本当だ。でも，なんかどうやってかこうとしているのかわかる。
T：音が聞こえないけど，どんな説明をしようとしているのかは，わかるんだね。では予想して説明を書いてみよう。
C：え⁉　でも面白そう。

子どもは音声が聞こえないことに戸惑います。そのとき，
「ここは何かポイントを説明していそうだなあ」
「この鉛筆の動きは，何を説明しているんだろう」
など，教師は子どもに視点をもたせるように声を掛けていきます。こうして「画像を見れば説明が予想できそうだ」という見通しを子どもにもたせることを促します。

その後，動画を最後まで通して見せます。

❷ まずは前半を説明してみよう

動画の前半場面を切り取った写真を3枚ほど用意し，子どもに配ります。私はロイロノートを使って全員に配布しました。そして，前半の写真の場面について，どのような説明をしているのかを予想して写真に書き込ませます。いきなり全てではなくても，部分的になら子どもも予想しやすいからです。子どもは，動画の動きに合わせて様々な説明を書き込んでいきました。

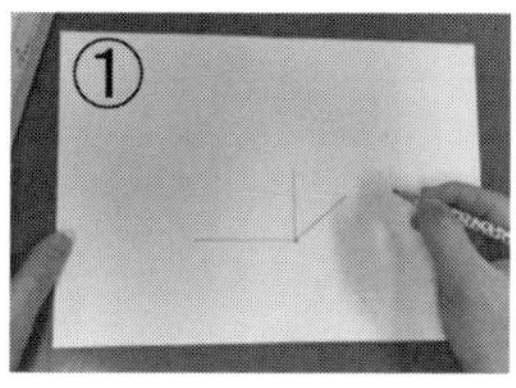

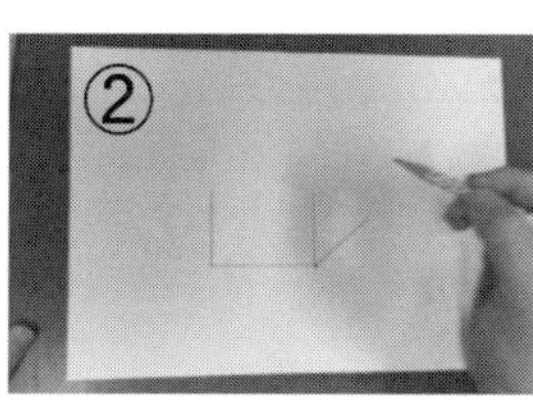

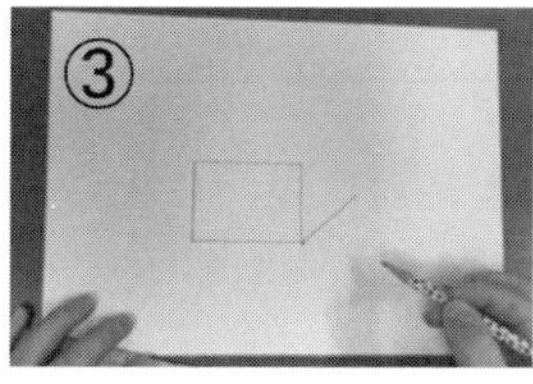

教師　写真に合う説明を予想して，書き込みましょう。

児童Ａ
①まず１つの頂点から３本の直線をかきます。
②高さの辺と平行な辺をかきます。
③次に横の辺と平行な辺をかきます。そうすると一面が完成します。

児童Ｂ
①長さの違う線を３本かきます。
②縦の線と同じ長さの線をかきます。
③横の線と同じ長さの線をかきます。

児童Ｃ
①まず基本となる３本の線をかきます。
②次に，下の棒に垂直になるように縦の棒の長さと同じ長さの棒をかきます。
③次に，縦の棒と垂直になるように，同じ長さの横棒をかきます。

下線部を見ると，表現は違いますがそれぞれ，辺の関係に着目していることがわかります。

ICT活用のポイント
作図動画は，1人1台もっている端末に送信することで，子どもたちからすると，見たいところを個々のペースで必要に応じて繰り返し見ることができます。個々の必要感に応じて対応できるのは，ICTを活用するよさであると考えます。

❸ 絶対に説明に入っていそうなキーワードは何かな？

同じ動画を見ていても，子どもが説明に用いる表現は様々です。例えば，❷で紹介した子どもの記述では，「辺」と「線」と「棒」のように異なる表現や未熟な表現を説明に使っている子どもがいることがわかります。また，平行の関係に目を向けている子ども，垂直の関係に目を向けている子ども，長さが等しいことに目を向けている子どもと，着目している点も様々です。同じ対象を見ているのに，多様な表現や視点が表出しているこの場面は，協働的に学ぶ状況が整った場面です。この違いを顕在化させることで，子どもはよりよい表現について吟味し，図形の見方を育てていきます。

まずは3，4人のグループで検討させて，全体の検討へ広げていきます。

T：それぞれの写真に合う説明を書き込みましたね。では，正確に伝えるために，それぞれの写真の中で，これは説明に欠かせないという言葉はありますか？
C：なんだろう。①なら「1つの頂点」かな。
C：ああ，1つの頂点から3本の線をかくもんね。
C：でもそれなら，「直線」も大事だね。真っ直ぐじゃなきゃだめだもん。
T：なるほど。「3本の線を引く」と書いていた人もいたけど，「1つの頂点から」と3本の「直線」という説明が正確に伝わりそうだね。では，②はどうですか。
C：「平行」は絶対入っていると思います。辺をかく前に，向かい合う辺をなぞっていたから，「この辺と平行な辺を……」って説明していたと思う。
C：「長さが等しい」というのもないと，伝わらないと思います。平行な線だけで長さが違うと，長方形にならないからです。
C：それなら③も「平行」は必要だね。今度は横の「平行」になっている。
C：僕は②でかいた辺に「垂直」になればよいから「垂直」が入るとよいと思う。だって，「垂直」じゃないと直方体にならない。
C：でも，③だったら，頂点と頂点をつなぐだけでいいんじゃない。この次は，斜めの辺に「平行」な辺をかくと思う。

子どもは，他者の表現を解釈することで，お互いに異なる表現を用いていることを自覚します。そして，よりよい表現を検討します。このとき大切なことは，最終的にどの言葉を使うかではありません。よりよい表現を判断するまでの過程で，辺や面の位置関係に触れていることです。

「平行（垂直）じゃないと長方形（直方体）にならない」という指摘は，長方形や直方体とそうではない形を頭の中で比較し，辺の位置関係を観点にして観察しているから出てくる表現です。

「次は，斜めの辺に『平行』な辺をかくと思う」という予想は，辺の位置関係を観点にしてこれからの動画を観察していこうとする姿勢の表れです。

「辺や面の位置関係を捉えること」と中核的な内容を定めておくことで，教師はこのような子どもの表現の価値に気付くことができます。そして，必要に応じて取り上げ，学級全体で，授業を通じて価値付けることができるのです。

❹ 説明を聞いて，予想を確かめよう

検討を終えた後は，最終的に自分はどう考えるか表現させます。グループ検討が集団で一つの結論を出すことが目的だと感じてしまうと，子どもは他者に同調するようになります。グループ検討は，自分の考えをよりよくするためにあります。その目的を確認するためにも，検討を終えた後には，自分の考えを表現させることが重要です。

その後，動画を音声付きで見せます。

T：では，この部分まで説明動画を見てみましょう。予想はどのくらい当たっているかな。
C：やっぱり，「平行」って使っている。
C：先生は「同じ長さ」が抜けている。絶対入れた方がいいよ。
T：みんなの方が先生より説明が上手だったなあ。じゃあ，この続きも考えてみよう。

教師の説明は，ある程度モデルとなるようにしながら，それが正解とならないように，あえてキーワードを抜かして子どもがつっこむ余地を残しておくとよいと思います。子どもは，最終的な説明を答え合わせのように聞くのではなく，自分の考えをよりよくするための一つの検討材料のように聞くことができるのです。

その後，続きの説明についても❷～❹の順番で進める。子どもは，前半の検討を生かし，説明の言葉を吟味するようになります。

時間があれば，立方体の作図動画を子どもに作らせ，お互いの動画を無音で流して予想し合ったり，よりよい説明になるよう検討し合ったりする活動に取り組むとおもしろいでしょう。

参考・引用文献

・苅宿俊文，佐伯胖，高木光太郎編『まなびを学ぶ』（2012）東京大学出版会
・一松信，他62名『みんなと学ぶ小学校算数3年』『みんなと学ぶ小学校算数4年』（2020）学校図書株式会社
・文部科学省『小学校学習指導要領解説　算数編』（2017）日本文教出版
・中央教育審議会『「令和の日本型学校教育」の構築を目指して　～全ての子供たちの可能性を引き出す，個別最適な学びと，協働的な学びの実現～（答申）』（2021）
・文部科学省『小学校学習指導要領解説　総則編』（2017）日本文教出版
・高橋純『教育方法とカリキュラム・マネジメント』（2019）学文社
・平野朝久『はじめに子どもありき』（1994）東洋館出版社
・中原忠男『算数・数学における構成的アプローチの研究』（1995）聖文社
・石井英真『授業づくりの深め方』（2020）ミネルヴァ書房
・新潟大学附属新潟小学校初等教育研究会『変える力を高める授業　研究紀要』（2020）
・新潟大学附属新潟小学校初等教育研究会『変える力を高める授業～2年次研究～　研究紀要』（2021）
・坪田耕三『算数科　授業づくりの基礎・基本』（2014）東洋館出版社
・学校図書『年間指導計画作成資料3年』
https://gakuto.co.jp/docs/download/pdf/2020_sansu_nenkan3_202008.pdf
・西岡加名恵・石井英真『見方・考え方を育てるパフォーマンス評価』（2018）明治図書
・白水始『「教育革新」プロジェクトフェイズ1～高度情報技術を活用した全ての子供の学びの質の向上に向けて～（報告書）』（2020）国立教育政策研究所
・蒔田晋治著，長谷川京子絵『教室は間違えるところだ』（2004）子どもの未来社
・米国学術研究推進会議『How People Learn』（2002）北大路書房

おわりに　～見えないものを見えるようにするために～

本書のテーマである教科書は，子どもが学ぶためにあるものです。「教科書を教える」なのか「教科書で教える」なのかという話がよくされるように，私たち授業者は教科書を大人の目，つまり「教師が教える」という視点だけで見てしまいがちです。子どもから見ると，教科書はどのように見えているのか，そもそも教科書の存在をどのように捉えているのか，という「子どもが学ぶ」視点で考えることも，併せて考えていく必要があるでしょう。

そのような思いから，第1章では子どもと教師の両方の立場からの教科書の見え方について書きました。教科書には子どもが学ぶべきこと，教師が指導すべきことが書かれていますから，見えていることが話題になりがちです。しかし，見えていないことの中にも，子どもが学ぶべきこと，教師が指導すべきことはたくさんあります。

日々授業をしていると，想定した通り（教科書の展開通り）に進むことはほとんどありません。初めは想定通りにならない授業がよくない授業だと思っていました。確かに子どもが考えない授業や理解できない授業はよくありません。しかし，想定通り進まなかった授業であっても事実を集めると，子どもはそれぞれ課題と向き合い，自分らしく学んでいる事実があることもわかりました。これまで学んだことを使って，問題解決に取り組んでいました。このような事実に出会うたび，子どもを変えるのではなく，自分の教科書の見方を変える必要があると考え，見えてきたことをまとめました。

第2章では，これまでの経験から自分なりの見方で教科書を見て，自分が構想し実際に行った授業を紹介しました。事実から学ぶということを大切にしたいので，自分が行った授業の事実を示すことを心掛けました。中学年本でありながら学年に偏りがある（4年生の実践が多い）のはそのためです。ご容赦ください。そして，お読みになった皆様の学級には，きっと別の事実があるのだと思います。本書が皆様の学級の事実を基に，教科書には直接書かれていない，見えないものを探っていくための一助になれば幸いです。

本シリーズを共に執筆した低学年の執筆者である樋口万太郎先生（香里ヌヴェール学院小学校），高学年の執筆者である加固希支男先生（東京学芸大学附属小金井小学校）は，常によりよい授業とは何かを考えて自分自身で実践し，子どもの事実を基に授業改善にチャレンジし続けている先生です。お二人のように経験を重ねてもなお「本当にこれでよいのか」「もっと子どもが力をつける授業はできないのか」と常に自身に問い掛けることで，新しく見えてくるものを追究する姿勢に敬意を表すとともに，刺激をいただいています。

また，本書で紹介している目標の3つの分類や「中核的な内容」を軸とした授業構想等の考え方は，私が勤務する新潟大学附属新潟小学校での実践研究を通して，少しずつ整理されてきたものです。算数科だけではなく，各教科の実践家が集まる職場で，互いの授業を見合い，子どもの事実を共有し，遠慮のない議論ができたからこそ見えるようになったのだと思います。一人では見ることができなかった世界が見えるようになったのは，信頼し，共に高め合える職場の仲間のおかげです。

本書の執筆のお声掛けをいただいた石井英真先生（京都大学）からは，校内研究についても継続してご指導いただきました。私の授業も含め校内職員の授業をいくつも参観いただきました。そして，その都度，子どもの学び方の事実を，私たちでは気付けない視点でたくさんのご示唆をいただきました。何より，自分自身のものの見え方を変えていける楽しさを実感することができました。

見えないものが見えるようになるには，授業の事実を共に見つめる他者が必要です。私は自分とは異なる様々な視点や価値観をもった皆様との協働によってたくさんのことが見えてきました。本書をお読みになった皆様とも，どこかでお話ができたら幸いです。

最後に，学芸みらい社の皆様，編集を担当していただいた樋口雅子様には，多大なご支援をいただきました。心から感謝申し上げます。

新潟大学附属新潟小学校　　志田　倫明

［監修者］

石井 英真（いしい　てるまさ）

京都大学大学院教育学研究科准教授，博士（教育学）
日本教育方法学会理事，日本カリキュラム学会理事，文部科学省「児童生徒の学習評価に関するワーキング・グループ」委員など。
主な著書に，『再増補版・現代アメリカにおける学力形成論の展開―スタンダードに基づくカリキュラムの設計―』（単著，東信堂），『時代を拓いた教師たち』Ⅰ・Ⅱ，『GIGAスクールのなかで教育の本質を問う』（共に共著，日本標準），『今求められる学力と学びとは―コンピテンシー・ベースのカリキュラムの光と影―』，『未来の学校――ポスト・コロナの公教育のリデザイン』（共に単著，日本標準），『小学校発 アクティブ・ラーニングを超える授業―質の高い学びのヴィジョン「教科する」授業―』（編著，日本標準），『授業づくりの深め方―「よい授業」をデザインするための5つのツボ』（単著，ミネルヴァ書房），『中学校「荒れ」克服10の戦略――本丸は授業改革にあった！』（共著，学事出版），『新しい教育評価入門――人を育てる評価のために』（共著，有斐閣），『流行に踊る日本の教育』（編著，東洋館出版社），『授業改善8つのアクション』（編著，東洋館出版社），『教育学年報11 教育研究の新章』（共編著，世織書房），『ヤマ場をおさえる学習評価（小学校編・中学校編）』（共編著，図書文化社）など。

［著者］

志田 倫明（しだ　みちあき）

1977年神奈川県生まれ。新潟県公立小学校を経て，現在新潟大学附属新潟小学校指導教諭。学校図書教科書「小学校算数」編集委員。全国算数授業研究会全国幹事。授業は朝日新聞“花まる先生”に掲載。
初等教育資料「“考え直す”と深まる分数の世界」等，寄稿多数。

学習者端末　活用事例付
算数教科書のわかる教え方 3・4年

2022年8月15日　初版発行

監修者　石井英真
著　者　志田倫明
発行者　小島直人
発行所　株式会社 学芸みらい社
〒162-0833 東京都新宿区箪笥町31番 箪笥町SKビル3F
電話番号 03-5227-1266
https://www.gakugeimirai.jp/
e-mail：info@gakugeimirai.jp
印刷所・製本所　藤原印刷株式会社
企画　樋口雅子／校正　大場優子／装丁　小沼孝至
本文組版　星島正明

落丁・乱丁本は弊社宛てにお送りください。送料弊社負担でお取り替えいたします。

ISBN978-4-86757-006-7　C3037